Rudolf Sohm

Ueber die Entstehung der Lex Ribuaria

Rudolf Sohm

Ueber die Entstehung der Lex Ribuaria

ISBN/EAN: 9783743698666

Hergestellt in Europa, USA, Kanada, Australien, Japan

Cover: Foto ©ninafisch / pixelio.de

Weitere Bücher finden Sie auf **www.hansebooks.com**

Ueber die Entstehung

der

Lex Ribuaria.

Von

Dr. Rudolph Sohm,

Privatdocenten in Göttingen.

(Separatabdruck aus der Zeitschrift für Rechtsgeschichte, Band 5.)

Weimar

Hermann Böhlau

1866.

Einleitung.

Einer Untersuchung über die Entstehung der Lex Ribuaria steht zur Zeit vor Allem der Umstand im Wege, daß eine genaue Vergleichung der Handschriften, noch nicht unternommen worden ist. Die wenigen, wenn auch werthvollen, Notizen bei Pertz, Archiv der Gesellschaft für ältere deutsche Geschichtskunde V, S. 216—219, VII, S. 150—153 können für diesen Uebelstand nicht entschädigen*).

Aus diesem Grunde sind zwei Fragen von der folgenden Untersuchung ausgeschlossen, die eine nach dem Verhältniß der von Pertz angenommenen karolingischen Recension zu der merovingischen; die andere nach dem Text der Lex Salica, welcher bei Abfassung des zweiten Theils der Lex Ribuaria zu Grunde gelegt wurde. Die hier wie dort nothwendige Vergleichung von Einzelheiten in Wendung und Ausdruck setzt einen kritisch zuverlässigen Text der Lex Ribuaria voraus, welcher bis jetzt noch nicht vorliegt.

---

*) Eine sehr wichtige Handschrift, die Münchener, aus dem Ende des 8 oder Anfang des 9. Jahrhunderts, habe ich vergleichen können.

Im Folgenden wird die Erörterung über die Entstehung der Lex Ribuaria vor Allem den Inhalt dieses Gesetzbuches zu Grunde legen, welcher, so viel es scheint, durch die Abweichungen der Handschriften nicht wesentlich berührt wird. Die Arbeit kann daher nur den Charakter einer vorbereitenden in Anspruch nehmen.

Die Literatur über die Lex Ribuaria ist wenig umfangreich. Im Wesentlichen stehen wir noch bei den Resultaten, welche *Rogge*, Observationes de peculiari Legis Ripuariae cum Salicae nexu, Regiomonti Borussorum 1823 gegeben hat. Von späteren Schriften sind anzuführen Eichhorn deutsche Rechtsgeschichte I §. 38; Gaupp, das alte Gesetz der Thüringer S. 225—233; Gengler, deutsche Rechtsgeschichte §. 25; Waitz, deutsche Verfassungsgeschichte II S. 82—84; Walter, deutsche Rechtsgeschichte §. 152; Zöpfl, deutsche Rechtsgeschichte (3. Aufl.) §. 5; v. Daniels, Rechtsgesch. I, S. 245 ff.; Stobbe, Geschichte der deutschen Rechtsquellen §. 4*).

§. 1.
Die Theile der Lex Ribuaria.

Die älteste Nachricht über die Entstehung der Lex Ribuaria finden wir in dem bekannten Prolog zur Lex Bajuvariorum[1]). Derselbe berichtet für das Recht der austrasischen Franken wie für das der Alamannen und Baiern eine erste Aufzeichnung unter Theodorich, Vermehrung unter Childebert und Chlothar und Revision unter Dagobert. Die Unzuverlässigkeit dieser Nachricht ist allgemein anerkannt. Der Urheber derselben lebte um ein Geraumes später als Dagobert[2]), um ein viel Späteres folg-

---

*) Das neue Buch von Gfrörer, zur Geschichte der deutschen Volksrechte im Mittelalter, Schaffhausen 1865. 66 behandelt die Lex Ribuaria nicht.

[1]) Daß der Prolog zu diesem, und zu keinem anderen Volksrecht gehört, zeigt *Merkel* bei *Pertz*, Monum. Leges tom. III, p. 9, 10.

[2]) Der Prolog schließt mit den Worten: quae (nämlich die von Dagobert gegebenen Leges) *usque hodie perseverant.* — Roth, über die Entstehung der Lex Bajuvariorum S. 5 Note 2 macht ferner darauf aufmerksam, daß Isidor (aus dessen Origines Eingang und Schluß des Prologs genommen sind) „ein Zeitgenosse Dagoberts ist, sein Werk, also damals in Frankreich wohl nicht bekannt war." — Quitzmann, die älteste Rechtsverfassung der Baiwaren,

lich als Theoborich). Er ist der Meinung, daß die drei Volksrechte, von denen er spricht, alle genau denselben Entwickelungs-
gang durchgemacht haben, und doch ist z. B. für die Lex Alamannorum und Baiwariorum das Gegentheil positiv erwiesen.
Für die Lex Ribuaria insbesondere werden seine Nachrichten
am wenigsten von entscheidender Bedeutung sein, da er princi-
piell die Lex Baiwariorum im Auge hat, und er auch über diese,
wie die von Roth und Merkel angestellten Untersuchungen beweisen, schlecht genug orientirt ist.

Rogge, dessen Ansichten in der Hauptsache noch jetzt die
herrschenden sind, hat sich daher mit Recht nach anderen Grund-
lagen für seine Forschungen umgesehen, und diese in dem Verhältniß der Lex Ribuaria zur Lex Salica gefunden. Auf Grund
seiner Untersuchungen hat man sich seitdem im Wesentlichen über
folgende Punkte geeinigt. Es seien drei Theile der Lex Ribuaria zu unterscheiden³). Der erste, die titt. 1—31 (nach der
Zählung der „karolingischen" Redaction) umfassend⁴), charakteri-
sire sich dadurch, daß er die Lex Salica nicht benutze. Seine
Abfassung sei etwa unter Theoborich I zu setzen⁵). Der zweite
Theil, tit. 32—56, dessen Entstehungszeit zweifelhaft⁶), zeige

---

Nürnberg 1866, S. 1 ff. vertheidigt wieder die Glaubwürdigkeit des Prologs als
eines unter Dagobert gegebenen „Einführungsedictes" für alle drei Volksrechte.
Seine Gründe sind die der älteren Forscher, also die von Roth und Merkel
schon widerlegten.

³) Eichhorn I, S. 248 Note c nimmt nur zwei Theile an, weil auch
in Rogge's drittem Theil die Einschaltungen aus der Lex Salica „in ununterbrochener Reihe" fortgingen. — Waitz, Verfassungsgesch. II, S. 83. 84
will überhaupt keine Sonderung verschiedener Theile zulassen: in allen Theilen
sei die Lex Salica benutzt; er scheint aber später seine Ansicht geändert zu
haben, vgl. Verf. Gesch. IV, S. 441 Note 2.

⁴) Rogge p. 9 und Eichhorn I S. 248 rechnen den ersten Theil von
tit. 1—33.

⁵) Nach Rogge p. 29 noch vor Theoborich, dieser habe den ersten Theil
höchstens revidirt.

⁶) Stobbe I, S. 61: „Die Entstehungszeit ist ungewiß". Rogge
p. 29 ist für Theoborich, Eichhorn I, S. 250. 251 für Dagobert I. — Nach
Waitz B. G. II, 84 ist die ganze Lex Ribuaria wahrscheinlich unter Childebert II entstanden; Note 4: „Später kann die Lex Rib. (in ihrer jetzigen Gestalt) nicht wohl sein". — Zöpfl, Rechtsgesch. §. 5 hält dafür, daß die ganze
Lex Ribuaria unter Theoborich I abgefaßt sei.

eine fortlaufende Berücksichtigung der Lex Salica, auch in der Reihenfolge, und schiebe nur einzelne der Lex Salica fremde Bestimmungen ein. Der dritte Theil endlich, tit. 57 bis zu Ende, halte ungefähr die Mitte zwischen dem ersten und zweiten: er benutze die Lex Salica, aber lange nicht in dem Maße wie der zweite Theil: die der Lex Salica entnommenen Titel seien gegenüber den andern selbstständig gebildeten bedeutend in der Minderheit. Ueber die Entstehungszeit desselben variiren die Ansichten [7]).

Nach unserer Ansicht nöthigt das Verhältniß der Lex Ribuaria zur Lex Salica allerdings dazu, in jenem Volksrecht verschiedene Theile als nach einander entstanden zu unterscheiden; nur daß diese Theile, wie wir meinen, anders als bisher geschehen zu bestimmen und zu begränzen sind.

Die Geschichte der Lex Ribuaria giebt uns einen nicht uninteressanten Beleg für die Einwirkung, welche ein germanisches Stammesrecht auf ein anderes zu üben vermocht hat. In den Grund wie in den Vollzug dieser Entwickelung ist uns hier ein tieferer Einblick gestattet als bei andern, ähnlichen Erscheinungen. Wir wissen kaum einen andern Anlaß als den Zufall, durch welchen bairisches Recht mit westgothischem, thüringisches mit friesischem [8]), friesisches mit alamannischem [9]) in Berührung gekommen ist. Anders hier, wenn die Lex Salica, welche im ganzen fränkischen Reich den Ruhm des Stammes theilt, dem sie angehört [10]), auf ein anderes fränkisches Volksrecht, wenn das Recht des erobernden Stammes auf das des besiegten seinen Einfluß übt. Wie im Mittelalter die relativ hohe Bedeutung,

---

[7]) Zusammengestellt sind sie von Stobbe I, S. 63 Note 31. Childebert I und II, Chlothar I und II, Dagobert I werden genannt, mit Rücksicht auf die Nachrichten des Prologes, vgl. Stobbe I S. 57. Note 7. Stobbe selber erklärt die Entstehungszeit für ungewiß.

[8]) Allerdings nimmt v. *Richthofen*, Legg. III, p. 654. 655 jetzt die additio Wlemari für die Lex Frisionum in Anspruch.

[9]) Fris. add. sap. tit. 3 b ist wörtlich aus Alam. Kar. 66; die litt. 4. 5 eod. sind zum Theil aus Alam. Kar. 67 entnommen. Vgl. v. *Richthofen* in den Noten.

[10]) Noch jetzt nennen wir den die Weiber in der Erbfolge beschränkenden Rechtssatz „das salische Gesetz", obgleich derselbe bekanntlich in allen deutschen Stammesrechten sich findet.

welche der Sachsenspiegel als wissenschaftliche Leistung in Anspruch nimmt, ihn zum Vorbild für die Verfasser süddeutscher Rechtsbücher machte, so hat jenes, wenn wir so sagen dürfen, moralische Uebergewicht der Lex Salica ihr den formellen Einfluß auf die Abfassung, andrerseits die reelle Machtstellung der salischen Franken ihr die Wirkung auf den Inhalt der Lex Ribuaria verschafft. Es ist zunächst der erstere Umstand, der unsere Aufmerksamkeit hier in Anspruch nehmen soll.

Wir können in der Lex Ribuaria ganz bestimmt einen Theil unterscheiden, der, allein genommen, sich als ein ribuarisches Rechtsbuch, hergestellt nach dem Muster des salischen, characterisirt. Er nimmt nicht diesen oder jenen Titel, sondern die Lex Salica im Ganzen zum Vorbild; er ist nicht blos in den wörtlich herübergenommenen Sätzen, sondern im System, im Plan, in allen seinen Theilen eine Nachahmung jener anderen Rechtsaufzeichnung. Vom ersten Titel der Lex Salica anfangend wird Satz für Satz derselben entweder herübergenommen, oder ausgelassen, oder umgearbeitet, oder mit Zusätzen versehen. Ob diese Zusätze als Zusatzparagraphen oder als eigene Zusatztitel erscheinen, macht selbstverständlich keinen Unterschied, zumal da die Titeleintheilung unserer Ausgaben, vor einer genaueren Vergleichung der Handschriften wahrscheinlich keinen Stand halten wird. Darin aber, daß diese „einzelnen der Lex Salica fremden Bestimmungen" Zusatzparagraphen, Zusatztitel bilden, in innerem Zusammenhang mit dem voraufgehenden salischen Satz, gerade nur an dieser Stelle der Methode der Arbeit, dem System der Lex Salica entsprechend, darin liegt das diesen Theil vor allen anderen auszeichnende, zugleich das seine Gränzen auf das Sicherste bestimmende Moment.

Es ist der zweite Theil Rogge's, den wir bei diesen Ausführungen im Auge haben. Auf das blos quantitative Verhältniß der aus der Lex Salica genommenen zu den derselben „fremden" Bestimmungen gestützt, mag es uns schwer werden, die Aussonderung desselben gegen Eichhorn („auch" der dritte Theil habe die Lex Salica benutzt"), gegen Waitz („auch der erste Theil zeigt Einfluß der Lex Salica") zu vertheidigen; mit Hinblick auf jene besondere Art der Benutzung werden wir darüber nicht im Zweifel sein. Mag der „erste", mag der „dritte" Theil diesen oder jenen Titel der Lex Salica nachgebildet haben, wir werden den „zweiten"

Theil nur so weit, aber auch bestimmt soweit rechnen, als jenes Verhältniß der selbstständig gebildeten zu den aus der Lex Salica recipirten Titeln nachweisbar ist.

Mit Sicherheit nehmen wir Rib. 32 de mannire als Anfang dieses zweiten Theils. Er entspricht dem ersten Titel der Lex Salica, de mannire; in Rib. 34 de raptu ingenuarum mulierum folgt Sal. 13 de rapto ingenuorum, in Rib. 35 de eo qui uxorem alienam tulerit, Sal. 15: Si quis uxorem alienam tulerit, u. s. w. Der zwischen Rib. 32 und 34 stehende tit. 33 de intertiare unterbricht die Reihenfolge der salischen Titel in keiner Weise (wie Rogge und Eichhorn annehmen). Er ist einer der eben erwähnten Zusatztitel. Wie innerhalb des Titels 32 de mannire dem aus der Lex Salica genommenen §. 1 in den §§. 2—4 selbstständig gebildete Sätze folgen, um das Verfahren bei wiederholter vergeblicher mannitio zu schildern, so fügt Rib. 33 de intertiare, gleichfalls selbstständig, in einem eigenen Titel die Sätze über das Dritthandsverfahren hinzu, um neben der mannitio den Anfang als eine zweite Art der Einleitung gerichtlichen Verfahrens zu schildern. Rib. 32 de mannire und 33 de intertiare entsprechen zusammen, gleich als wenn sie einen einzigen Titel bildeten, dem Titel Sal. de mannire, und es folgt dann, wie schon gesagt, unter Uebergehung der vom Diebstahl handelnden titt. 2—12 der Lex Salica in Rib. 34 Sal. 13 u. s. w. In ganz gleicher Weise schließt sich später Rib. de dotibus mulierum an den von der Muntbrüche handelnden tit. 35 de eo qui uxorem alienam tulerit[11]), und Rib. 48 de homine qui sine heredibus moritur, an Rib. 49 de adfatimire als Zusatztitel, bei Gelegenheit eines salischen Satzes einen verwandten Punkt mitbehandelnd an.

Von dem hienach als Anfangspunkt des „zweiten" Theils festzuhaltenden tit. 32 de mannire geht nun nach der gemeinen Meinung die „fortlaufende Berücksichtigung der Lex Salica" nur

---

[11]) Rib. 36 de diversis interfectionibus ist, wie schon die gemeine Meinung angenommen, späteren Ursprungs, vgl. unten §. 7. Ueber Rib. 37, welchen Titel man gleichfalls für eingeschoben gehalten, s. unten §. 3. — Den Zusammenhang zwischen Muntbrüche und Muntschatz (dos) weist nach Schröder, Geschichte des ehel. Güterrechts in Teutschland, 1863, I. S. 11 ff.

bis Rib. 56 de alodibus (= Sal. 59 de alodis), wo demnach das Ende eben dieses „zweiten" Theiles zu setzen wäre. Es scheint, daß diese Ansicht einer Berichtigung bedarf. Nach Pertz Archiv VII, S. 750 unterscheidet die „merovingische" Recension der Lex Ribuaria sich von der „karolingischen", außer durch die verschiedene Eintheilung[12]), auch durch die Spuren einiger Titel, welche in jener noch erkennbar, von dieser späteren Ausgabe aber verwischt sind. Von zwei Handschriften wird Archiv V, S. 212. 218 näher angegeben, daß in ihrem Inhaltsverzeichniß hinter dem tit. de alodibus (Rib. 56) zwei Titelrubriken stehen[13]) de aroene (arohene) und de testamento (testamentis) regum. Im Text des Gesetzes selber fehlen die Titel indessen bei beiden Handschriften; nur hat die eine wenigstens für dieselben Raum freigelassen, und zwar ungefähr vier Mal so viel als der voraufgehende de alodibus einnimmt[14]).

In jenem Titel de aroene ist nun ohne alle Schwierigkeit der Paralleltitel zu Sal. 61 de charoena (andere Lesarten: aronea, aroena) wiederzuerkennen. Bei Abfassung des „zweiten" Theils der Lex Ribuaria ist also nach Rib. 56 de alodibus (= Sal. 59 de alodis) noch des Ferneren Sal. 61 de charoena benutzt worden, mit Auslassung von Sal. 60 de cum qui se de parentilla tollere vult.

Auch läßt sich noch feststellen, welche Bewandniß es mit jenem andern Titel de testamentis regum hat. Der Titel 60 unserer Ausgaben der Lex Ribuaria (de traditionibus et testibus adhibendis) trägt nämlich in der Ausgabe Lindenbrogs die Ueberschrift: *de testamentis regum* vel de traditionibus. In den §§. 3. 4. 6. 7 dieses Titels wird denn auch von dem testamentum regis, namentlich von dem invadere infra testamentum regis gesprochen (§§. 3. 4), sowie von der Anfechtung

---

[12]) Die „merovingische" Recension zerlegt Rib. 30 in drei Titel, 30—32.

[13]) Die eine Handschrift setzt dieselben unmittelbar nach dem Titel de alodibus; die zweite läßt noch erst den tit. 57 unserer Ausgaben folgen.

[14]) Die Münchener Handschrift hat ebenso im Index: 57 de alodis. 58 de aroen. 59 de testamentis regum. 60 de libertos a domno ante regem dimissis u. s. w. Im Text ist hinter 57 de alodis über eine Seite (ungefähr Octavformat) freigelassen.

einer auf Uebertragung von Immobilien bezüglichen Königs-
urkunde (§§. 6. 7.). Das in jenen Paragraphen erwähnte invadere ist identisch mit dem superprendere und vi auferre der
§§. 2. 6 desselben Titels, wo von anderen als Fiscalgütern gehandelt
wird. Wie in dem Titel de aroene von dem Raube beweg-
licher Sachen [15]), so ist in diesem Titel de testamentis regum
von der widerrechtlichen Besitzergreifung an Grundstücken gehandelt worden. Dieser Titel bildete wie andere oben besprochene
einen Zusatztitel zu jenem, der aus der Lex Salica entnommen
war, gehörte also noch mit zu dem besprochenen Theil der Lex
Ribuaria.

Es ist klar, daß hier die Spuren einer späteren Aenderung
vor uns liegen. In Rib. 60 finden wir noch die Trümmer
eines ursprünglich auf Rib. 56 folgenden Stücks. Die titt. 57
bis 59 unserer Ausgaben und ebenso ein bedeutender Theil von
Rib. 60 sind weder der Lex Salica entlehnt, noch stehen sie mit
einem salischen Titel in innerem Zusammenhang. Dieselben können
erst später an diese Stelle gekommen sein. Das Gleiche gilt von
Rib. 61. 62, wo das nämliche Thema wie in Rib. 57. 58, die
Freilassung, behandelt wird. In Rib. 63 de homine in hoste
occiso nimmt nämlich die weitere Bearbeitung der Lex Salica
nach Art unseres „zweiten" Theiles noch ferneren Fortgang.
Dieser Titel hat in Sal. 63 de homine in oste occiso seine
Parallelstelle, und schließt sich an ihn Rib. 64 de homine in
domo propria occiso als Zusatztitel an.

Es wäre demnach der „zweite" Theil der Lex Ribuaria
von Rib. 32—64 zu rechnen, mit Ausschluß von tit. 36. 57
bis 62. Für die letzten Titel soll später (§. 4) nachgewiesen
werden, daß in ihnen eine einheitliche königliche Constitution auf
uns gekommen ist.

Erst jetzt mag eine Zusammenstellung der Titelüberschriften
aus der Lex Ribuaria und der Lex Salica ein ungefähres Bild
von der bei Abfassung dieses Theils der Lex Ribuaria beobachteten Methode geben:

---

[15]) Vgl. Sal. 61, 1: Si quis alteri *de manum suam* — aliquid ra-
puerit. 2: Si vero — rem — *in tercia manu miserit* sed si haec manum
violenter tulerit.

Lex Salica.	Lex Ribuaria.
1. De mannire.	32. De mannire.
2—12. Vom Diebstahl handelnd	33. De intertiare.
13. de rapto ingenuorum.	fehlen.
14. De superventis vel expoliatis.	34. De raptu ingenuarum mulierum.
15. (Ohne Ueberschrift): Si quis uxorem alienam tulerit etc.	Fehlt.
	35. De eo qui uxorem alienam tulerit.
	37. De dotibus mulierum.
16. De incendiis.	Fehlen.
17. De vulneribus.	
18. De eum qui innocentem hominem ad regem accusat.	38. De eo qui hominem innocentem ad regem accusaverit.
19. De maleficiis.	Fehlt.
20. De cum qui ingenua muliere manum vel brachium extrinxerit.	39. De eo qui ingenuae mulieri manum vel brachium strinxerit.
21. 22 vom Diebstahl handelnd	fehlen.
23. De caballo extra consilium domini sui ascenso.	40. De caballo extra consilium domini sui ascenso.
24. De homicidiis parvolorum vel mulierum.	
25. De adulteriis ancillarum.	
26. De libertis demissis.	Fehlen.
27. De furtis diversis.	
28. De elocationibus.	
29. De debilitatibus.	
30. De conviciis.	
31. De via lacina.	
32. De ligaminibus.	41. De ligaminibus ingenuorum.
33. De venationibus.	42. De venationibus.

Lex Salica.

34. De sepibus.

35. De homicidiis servorum.
36. De quadrupedibus si hominem occiderint.
37. De vestigio minando.
38. De furtis caballorum vel equarum.
39. De plagiatoribus.
40. (Ohne Ueberschrift): Si servus in furtum fuerit inculpatus etc.
41—43. Vom Wergeld handelnd.
44. De reipus.
45. De migrantibus.
46. De adfathamire

47. De filtortis.
48. De falso testimonio.
49. De testibus.
50. De fides factas
51. De ando meto (§. 1: Si quis grafionem ad res alienas tollendum invitaverit etc.)
52. De rem prestitam.
53. De manum ad ineo redemendam.
54. De grafione occisum.

Lex Ribuaria.

43. De sepibus [16]).
44. De eo qui in messe aliena cum carro transierit.
45. De eo qui nesciente homine aliquam furtivam rem in domum illius introduxerit.

Fehlt.

46. De quadrupedibus si hominem occiderint.
47. De vestigio minando.

Fehlen.

48. De homine qui sine heredibus moritur.
49. De adfatimire.

Fehlt.

50. De testibus adhibendis.

Fehlt.

51. De eo qui grafionem ad res alienas invitat.

52. De re praestata.

Fehlt.

53. De eo qui grafionem interfecit.

---

[16]) Die Lex Ribuaria macht hier aus drei Paragraphen von Sal. 34 drei Titel Rib. 44. 45 sind also keine Zusatztitel in unserem Sinn.

Lex Salica.	Lex Ribuaria.
55. De corporibus expoliatis.	54. De corporibus expoliatis.
56. De eum qui ad mallum venire contemnit.	Fehlt.
57. De rachineburgiis.	55. De rachinburgiis legem dicentibus.
58. De chrene cruda.	Fehlt.
59. De alodis.	56. De alodibus.
60. De eum qui se de parentilla tollere vult.	Fehlt.
	{ Die beiden verlorenen Titel: De aroene. (60.) De testamentis regum.
61. De charoena.	
62. De composicione homicidii.	Fehlt.
63. De homine in oste occiso.	{ 63. De homine in hoste occiso. 64. De homine in domo propria occiso.
64. De herburgium. 65 De caballo mortuo extra consilium domini sui decotato.	Fehlen.

Die gegebene Zusammenstellung ist insofern eine unvollkommene, als sie nicht anzudeuten vermag, in welchem Maße der Text der Lex Salica in die Lex Ribuaria übergegangen ist. Eine gleiche Titelrubrik verbürgt für den Titel selber nur im Allgemeinen die Gleichheit des Stoffs; bei Weitem nicht immer die wörtliche Gleichheit des Inhalts[17]). Dennoch erkennen wir die Art der Arbeit deutlich genug, insbesondere, was die Hauptsache, die ununterbrochene Benutzung der Lex Salica. Kein Titel, der nicht mit einem salischen in innerem Zusammenhange stände, keine „einzelnen der Lex Salica fremde Bestimmungen". Wir sehen ferner, wie innerhalb der angegebenen Gränzen, Rib. 32—64, der diesem Theil zu Grunde liegende Plan durch und zu

---

[17]) So z. B. steht in Rib. 47 de vestigio minando keine Sylbe, die aus dem Paralleltitel Sal. 37 de vestigio minando genommen wäre.

Ende geführt wird. Mit Rib. 64, wo dieser Anschluß an die Lex Salica aufhört, war der Verfasser fertig mit dem, was er sich vorgesetzt. Die ganze Lex Salica, welche anscheinend in dem f. g. kürzeren Text von 65 Titeln vorgelegen[18]), war nun vom ersten bis zum letzten Titel benutzt. Auch die Auslassung, von der z. B. die beiden Schlußtitel der Lex Salica, 64. 65, betroffen worden, erscheint hier als eine Art der Berücksichtigung. Wir nehmen daher Rib. 32—64 als einen einheitlichen, nur in sich, nicht mit einem voraufgehenden oder folgenden Stück zusammenhängenden, als einen von allem Uebrigen auszusondernden Theil in Anspruch.

Für die andern Titel der Lex Ribuaria, 1—31 und 65 bis zu Ende, ist damit zugleich das negative Moment ihrer Nichtzugehörigkeit zu jenem mittleren Theil gewonnen.

Rib. 1—31 scheint (mit Ausnahme einzelner später zu besprechender Stellen) für ein Ganzes genommen werden zu müssen. Wenigstens giebt hier weder das Verhältniß zur Lex Salica, noch ein inneres Moment zu irgend welcher Sonderung Anlaß. Eine Benutzung der Lex Salica ist nicht nachweisbar. Es lassen sich einige Stellen sammeln, wo der Ausdruck der Lex Ribuaria mit dem der Lex Salica[19]), auch solche, wo die Ordnung des Stoffes dort wie hier ungefähr die nämliche ist[20]). Doch lassen diese Uebereinstimmungen sich ebensowohl aus der unter beiden fränkischen Stämmen obwaltenden Verwandtschaft ihres Rechts als aus der Benutzung der einen Rechtsaufzeichnung durch die andere erklären. Solche Aehnlichkeiten in der Reihenfolge wie im Ausdruck kommen ganz von selbst, wenn in ungefähr derselben Zeit derselbe Stoff zu demselben Zwecke bearbeitet wird, und hat sich gerade auch in solchen Aeußerlichkeiten die innere Verwandschaft unserer Volksrechte deutlich bekundet.

---

[18]) Vgl. Eichhorn I, S. 251. 252. Waitz, das alte Recht der Salischen Franken, S. 20.

[19]) Vgl. Stobbe I S. 59 Note 13.

[20]) So folgen z. B. in Rib. 5 de debilitatibus Hand, Daumen, Finger, Fuß in gleicher Reihenfolge wie in den Texten A, B, C der Lex Salica (Pardessus Text III tit. 29. IV tit. 47. V tit 31), und in Rib. 6 folgt die Kastration, welche in allen Texten der Lex Salica den Schluß des Titels de debilitatibus bildet.

Wie in den erſten Titeln der Lex Ribuaria nach einander de ictu, de sanguinis effusione, de osse fracto, de puncto, dann vom Verluſt eines Gliedes gehandelt wird, ganz gerade ſo in Alam. Illoth 59. 60, Baj. text. I. 4—6, Fris. 22, Sax. 1 ff., Angl. et Wer. 4 ff., ohne daß hier eine Nachahmung der einen Lex durch die andere anzunehmen wäre. Auch Aehnlichkeiten im Ausdruck laſſen ſich anführen, wo ebenſo wenig an einen äußer= lichen Grund zu denken iſt [21]). Auf jeden Fall wäre die Be= nutzung der Lex Salica in dieſem Theil eine ſo unbedeutende und ſo wenig mit der eben für die Titel 32—64 nachgewie= ſenen auf eine Linie zu ſtellen, daß auch unter Annahme der= ſelben die bei Rib. 32 geſetzte Gränze nicht wegfällig werden würde.

Wir ſondern daher Rib. 1—31 als erſten Theil von Rib. 32—64, dem zweiten Theil.

Für Rib. 65 bis zu Ende (tit. 89) ſteht die Sache etwas anders. Dieſe Titel bilden das Gros des „dritten" Theiles der gemeinen Meinung, welcher ſich, wie geſagt, durch ſporadiſche Benutzung der Lex Salica charakteriſiren ſoll (vgl. oben S. 383). Die andere Begränzung, welche wir ihm gegeben, läßt aber ſein Verhältniß zur Lex Salica nicht in der bisher angenommenen Art erſcheinen.

In der ganzen erſten, größeren Hälfte, Rib. 65—79, iſt nämlich irgend welcher Einfluß der Lex Salica nicht nachweis= bar [22]), während derſelbe von Rib. 80 an wieder in verhält= nißmäßig ſtarkem Maße hervortritt. Von den zehn letzten Ti= teln (Rib. 80—89) ſind ſechs der Lex Salica nachgebildet. Es entſprechen ſich:

---

[21]) Vgl. z. B. Alam. Illoth. 59, 2: *Si autem sanguinem fuderit*, sic ut terram tangat — —. Baj. 4, 2: Si in eum sanguinem fuderit — —. Fris. 22, 4: Si autem sanguinem fuderit — —. So gewiß die Ueberein= ſtimmung der Lex Baiwariorum mit der Lex Alamannorum auf Herüber= nahme jenes Textes beruht, ſo gewiß iſt das Gegentheil für die Lex Frisio= num der Fall. — Vgl. ferner Rib. 5, 4: Si manus ibidem manca pepen= derit. Fris. 22, 76: Si manus percussa manca pependerit, u. ſ. w.

[22]) Die Aehnlichkeit zwiſchen Rib. 76 de materiamine vel lignis fura= tis und Sal. 27 §. 12 ff. iſt eine zu geringe, als daß ſie beſtimmte Anhalts= punkte gewähren könnte.

Lex Ribuaria.	Lex Salica.
80. De via lacinia.	31. De via lacinia.
82. De damno in messe vel in clausura.	9. De damnum in messe vel qualibet clausura inlatum.
83. De maleficio.	19. De maleficiis.
84. De grafione injuste invitato.	51. De ando meto. §. 1: Si quis grafionem ad res alienas tollendum invitaverit.
85. De corpore expoliato.	55. De corporibus expoliatis.
86. De caballo excorticato.	65. De caballo extra consilium domini sui decotato.

Die Benutzung der Lex Salica erstreckt sich hier nur auf diese einzelnen Titel; die vier übrigen, Rib. 81. 87—89 stehen mit ihr in keinem Zusammenhang. Der Theil der Lex Ribuaria von Rib. 80 an wird mit Recht characterisirt als der Lex Salica nachgebildet mit Einschiebung einzelner der Lex Salica fremder Bestimmungen[23]).

Wir setzen die Titel 65—79 als dritten, die andern, 80—89, als vierten Theil der Lex Ribuaria. Die folgende Darstellung (§. 5. 6) wird den angeführten äußeren Gründen für diese Sonderung innere hinzufügen.

§. 2.
Der erste Theil der Lex Ribuaria.
(Rib. 1—31.)

Der erste Theil der Lex Ribuaria, für den oben zunächst nur der Mangel eines Einflusses der Lex Salica festgestellt ist,

---

[23]) Es hängt damit zusammen, daß der Anfangspunkt des vierten Theils nicht mit gleicher Sicherheit erkennbar ist, wie der des zweiten Theils. So gut sich inmitten des vierten Theils Titel finden, welche mit der Lex Salica nichts zu thun haben, so gut kann einer der Titel unmittelbar vor Rib. 80, für welche gleichfalls kein Zusammenhang mit der Lex Salica ersichtbar, im Anfang dieses Theils gestanden haben. Aber nur die zwei Titel Rib. 78. 79 bilden das zwischen unserm dritten und vierten Theil streitige Gebiet, nicht mehr Rib. 77, wie sich unten §. 5 ergeben wird.

charakterisirt sich positiv durch das in ihm beobachtete Compositionensystem, welches sich sowohl von dem der Lex Salica wie von dem der späteren Titel der Lex Ribuaria unterscheidet.

Es werden in Rib. 1 — 31 außer den Wergeldsätzen vornämlich die Bußen für Körperverletzung und Tödtung eines Unfreien zusammengestellt. Die Höhe des Wergelds (200 sol. für den freien Mann, 100 sol. für den Halbfreien, an dessen Stelle hier der homo regius und ecclesiasticus erscheint) stimmt mit den Ansätzen der Lex Salica, und erhält sich auch in den ferneren Titeln der Lex Ribuaria [1]).

Anders mit den übrigen Bußen des ersten Theils.

Hier finden wir die Reihe: 1, 18, 36, 50 (bisweilen auch 25) sol.; von Rib. 32 an die ganze andere: 15, 30, 45, 60 sol., welche letztere eben die Zahlenreihe der Lex Salica ist [2]).

Es fragt sich, wie diese Erscheinung aufzufassen ist.

Wilda Strafrecht S. 361. 362 findet mit Rücksicht auf dieselbe in den ersten Titeln der Lex Ribuaria den Anfang einer jüngeren Ueberarbeitung angedeutet, welche man zu dem Zwecke vorgenommen, um die Compositionen des ribuarischen Rechts „mit denen anderer Stämme mehr in Uebereinstimmung zu bringen". Nach seiner Ansicht wäre also die Gleichheit des ribuarischen und salischen Compositionensystems das Ursprüngliche, die Abweichung späteren Ursprungs, und das Nebeneinander beider Bußenreihen in der Lex daraus zu erklären, daß man die Prinzipien dieser Ueberarbeitung eben „nicht weiter durchführte".

Zunächst ist aber gar nicht zu ersehen, welchem anderen

---

[1]) Vgl. Rib. 57. 62, 2 mit Rib. 7; Rib. 58, 5. 61, 2 mit Rib. 9. 10.

[2]) Die 60 sol. der Lex Ribuaria sind identisch mit den $62^{1}/_{2}$ der Lex Salica. Die Zugabe von $2^{1}/_{2}$ sol. (= 100 denar.) ist weggefallen oder nur nicht ausgedrückt. Auch das letztere wäre möglich. Ich erinnere an die tres solidos *et dinario* (Sal. 44), welche bei den Saliern als Reipus, an den solidus *et denarius*, der bei der Verlobung der Jungfrau gezahlt wird. Es scheint, daß auch bei Bußzahlungen von den Salfranken dieser Denar regelmäßig obendrein gegeben wurde, vgl. Sal. 75, 5 (bei *Pertz* Legg. II, p. 5 als cap. Chlodov. c. 11 § 10): Si quis ancillae pecus mortuum excusserit si pulicella fuerit, $62^{1}/_{2}$ sol. culp. jud. *similiter et dinarium unum*. Si vero ancilla ipsa cellaria domini sui aut genecium tenuerit, 100 sol. *et dinarium* pro ipsa componat, und doch geschieht dieses Denars nur an dieser einzigen Stelle Erwähnung.

Volksrecht denn die Lex Ribuaria durch diese „Ueberarbeitung" ähnlicher hätte gemacht werden sollen. Die Reihe von 18, 36, 50 sol. finden sich in keiner andern, sondern allein in unserer Lex. Auch sonst, falls man etwa nur an eine gleichmäßige Steigerung der Bußen im Vergleich zu anderen Volksrechten denken sollte, fällt eine nähere Untersuchung sehr zu Ungunsten jener Wilda'schen Meinung aus. Allerdings kostet bei den Ribuarien (Rib. 1) wie bei den Alamannen (Alam. Hloth. 59, 1) und Baiern (Baj. 4, 1) der unblutige Schlag (sine sanguinis effusione) nur 1 sol., während bei den Saliern 3 sol. für denselben entrichtet werden müssen. Aber damit ist jene Aehnlichkeit auch zu Ende. Es folgt nun in Rib. 2 ff., verglichen mit Alam. Hloth. 59, 2 ff., Baj. 4, 2 ff.

Ribuar.	Alam. Bair.
	Sanguinis effusio.
18 sol.	1½ sol.
	Os fractum
36 sol.	3 sol. / 6 sol.
	Punctum (Stich)
36 sol.	1½ sol. / 3 sol. / 6 sol.
	u. s. w.

Es findet sich hier weder in der ungefähren Höhe, noch auch in dem Fortschritt der Bußen irgend welche Uebereinstimmung.

Ebenso wenig spricht für jene Ueberarbeitung, deren Principien aber nur in den ersten Titeln durchgeführt wären, der andere Umstand, daß gerade für die in unserem ersten Theil normirten Bußfälle auch in den späteren Titeln jene eigenthümlichen Ansätze festgehalten werden. Der Knochenbruch kostet nach Rib. 3, 36 sol. In Rib. 68, also in unserem dritten Theil, werden über das os fractum neue Bestimmungen getroffen. Es finden sich die dem ersten Theil entsprechenden Bußen von 18, 36 sol., in §. 4 für den bloßen Schlag ohne Knochenbruch 1 sol. (nach Rib. 1 de ictu ingenuorum). Ebenso ist die Buße von 36 sol. aus Rib. 8 de homicidiis servorum in Rib. 62, 1 für die Tödtung des tributarius aut litus beibehalten, und finden sich die 50 sol. für den Daumen, Rib. 5, 5, gleichfalls später in Rib. 59, 3 wieder.

Im Gegentheil zeigt sich eine innere Verwandschaft (in den Progressionen, nicht in den Zahlen der Bußen) zwischen den Sätzen in Rib. 1—31 und den Bestimmungen des ältesten Textes der Lex Salica, des s. g. kürzeren Textes in 65 Titeln. Es ergiebt sich folgende Scala, bei welcher für die späteren Texte der Lex Salica nur die Abweichungen hervorgehoben werden sollen:

Rib. 1 ff.	Sal. 17, 4 ff. 29. 10. 35.		Novellen der Lex Sal.
	Schlag.		
1 sol.	3 sol.	2 sol.	(Text B.)
	Blutiger Schlag		
18 sol.	15 sol.	{15 sol. 62½ sol.	(Text A. C.)
	Knochenbruch		
36 sol.	30 sol.		
	Stich		
36 sol.	30 sol.	62½ sol.	(Text B.)
	Verlust eines Gliedes.		
		Text B.	Text A. C.
36 sol. } 25 sol. }	{30 sol. 35 sol.	{15 sol. 25 sol. 35 sol.	{15 sol. 30 sol. 35 sol.
		Text B.	Text A. C.
50 sol.	{15 sol. 50 sol. 62½ sol.	{45 sol. 65 sol.	45 sol.
		Text B.	Text A. C.
100 sol.	100 sol.	{ 15 sol. 100 sol.	{15 sol. 45 sol. 62½ sol. 100 sol.
		Text B.	
200 sol.	200 sol.	{100 200	

Rib.   Sal.   Novellen.

Tödtung eines Unfreien

	Text B.		Text A.	Text C.
36 sol.	{30 sol. 35 sol. 45 sol.}	35 sol.	{30 sol. 35 sol. 65 sol.}	{35 sol. 70 sol.}

Danach entsprechen sich in Rib. 1—31 und dem ältesten Text der Lex Salica im Wesentlichen folgende Zahlen:

Rib.	Sal.
1 sol.	3 sol.
18	15
36 (35)	30 (25)
50	{45 62½}
100	100
200	200

Eine gleiche Tabelle ließe sich für die Lex Ribuaria und die späteren Texte der Lex Salica A, B, C nicht herstellen. In diesen erscheint das ältere System schon gebrochen und aufgelöst, und zwar um so mehr, je jünger die Texte sind. Text B, welcher wahrscheinlich eine ältere Quelle als A benutzt[3]), hat verhältnißmäßig die wenigsten Aenderungen. In Text A und C dagegen sind die alten Ansätze schon vollständig durch einander geworfen. Hier finden wir 15, 45, 62½ sol., wo die Lex Ribuaria das halbe Wergeld[4]), umgekehrt 62½ sol., wo die Lex Ribuaria ihren nächst niedrigsten Ansatz von 18 sol. hat.

Die gemachte Bemerkung gewinnt dadurch an Bedeutung, daß von Rib. 32, also vom Beginn unseres zweiten Theils an, das Verhältniß der Lex Ribuaria zu den Recensionen der Lex Salica gerade das umgekehrte wird. Hier beginnt (s. §. 1) der äußere Einfluß der Lex Salica, zugleich die Herrschaft der salischen Bußenreihe von 15, 30, 45, 60 sol. Es ist wahrscheinlich, daß die Lex Salica in ihrer ältesten Gestalt benutzt wurde (oben

---

[3]) S. Merkel in der Vorrede zur Lex Salica S. XCV bei Note 1.
[4]) Die Lex Franc. Cham. setzt c. 20. 32 für Hand, Fuß, Auge nur den vierten Theil des Wergeldes (nach Rib. 5. Sal. 29 ist die Hälfte des Wergeldes zu zahlen), und bezeugt daher für ribuarisches Recht dieselbe Entwickelung, welche aus den Texten A, B, C für das salische hervorgeht.

§. 1 Note 16), dennoch entsprechen die Bußen der Lex Rib-uaria von da an materiell der späteren Entwickelung des salfränkischen Rechtes. Einige Beispiele werden das Gesagte erläutern. In Sal. 13, 1 wird die Strafe für den Frauenräuber (raptor) auf 62½ sol., die Muntbrüche der Lex Salica, festgesetzt (die Gehülfen zahlen 30, resp. 5, resp. 3 sol) Ein der Zusatzcapitel, Sal. 70 (bei *Pertz* Legg. II, p. 3 als cap. Chlodov. c. 6), ändert diese Bestimmungen dahin, daß die Frauenräuber morte damnentur et res ipsorum fiscus adquirat, mit dem ausdrücklichen Beifügen:

Raptores vero quod in anteriorem legem scriptum est amplius non damnentur.

Damit im Zusammenhang steht der noch spätere Titel Sal. 95, 3, wonach beim Frauenraub quam unus tam plurimi qui ipsum scelus admisisse fuerit adprobatus, 200 sol., die Uebrigen de illo contubernio 45 sol. zahlen sollen, sowie die nov. 41 der Texte A, B, C, welche auf das violenter moechari cum sponsa alterius gleichfalls die Bußen von 200 sol. setzen. In ihrer Combination ergeben die angeführten Gesetze den in der Lex Salica häufigen Satz: aut se redimat aut de vita componat. Diesen Standpunkt der späteren Rechtsentwickelung[5]) repräsentirt auch Rib. 34, ein nach seiner Fassung aus Sal. 13, 1 entnommener Titel: der raptor soll, falls er ein freier Mann ist, 200 sol. (seine Gefährten 60 resp. 15 sol.), falls er zu der Klasse der homines regii oder ecclesiastici gehört, 100 sol. (die Gefährten 30 resp. 7½ sol.) zahlen, genau dem Wergeld dieser verschiedenen Standesklassen entsprechend (Rib. 7. 9. 10).

An einer anderen Stelle giebt die Lex Ribuaria erst allmälig dem jüngeren Rechte nach. Die Beraubung einer noch über der Erde stehenden Leiche kostet nach Sal. 55, 1, 62½ sol., nach der nov. 3[6]) dagegen 100 sol. Rib. 54, 1 hat beide Bußen neben einander, 60 sol. für den Fall, daß der Schuldige geständig, 100 sol. für den Fall, daß er der That erst durch Beweis überführt werden mußte (si autem negaverit et postea

---

[5]) Vgl. Schröder Gesch. des ehel. Güterr. I S. 18 Note 55, der für das alamannische, bairische, burgundische, angelsächsische Recht denselben Uebergang von der Muntbrüche zur Wergeldbuße nachweist.

[6]) Den codd. 2. 3, resp. 2. 3. 4 (f. Merkel S. XCIV Note 1) sowie den späteren Recensionen der Lex Salica angehörig.

convictus fuerit); Rib. 85, noch einmal (in unserm vierten Theil) denselben Fall behandelnd, kennt nur die jüngere Buße des halben Wergeldes, ohne Unterscheidung der von Rib. 54, 1 hervorgehobenen Fälle.

Wie hier in dem Steigen, so kommt anderweitig in dem Fallen der Buße jüngeres Recht zum Vorschein.

Auf das furtum de diversis venationibus setzt Sal. 33, 1 45 sol., der spätere Titel Sal. 80, der einzelne Fälle dieses Diebstahls behandelt, hat nur 30 resp. 15 sol., die Novellen 98 (Text A. C) und 211 (Text B) nur 15 sol. Es stimmt damit überein Rib. 42, 1:

> Si quis de diversis venationibus furaverit aliquid et celaverit, seu et de piscationibus, 15 sol. culp. jud.

Die gegebenen Fälle mögen für unsere Zwecke genügen. Wir haben damit zwei Sätze gewonnen: das Kompositionensystem des ersten Theils, Rib. 1—31, stimmt, wenngleich in den zu Grunde gelegten Zahlen abweichend, dennoch materiell mit dem älteren salischen Recht; im zweiten Theil beginnt die salische Zahlenreihe, zugleich dem Inhalt nach die Uebereinstimmung mit dem späteren salischen Recht.

Nur noch eine Bemerkung, um vollständig darzuthun, daß das ribuarische Recht einen Uebergang von einem eigenthümlich ribuarischen zu dem salischen Bußensystem durchgemacht hat. Die Buße von 50 sol., welche dem Compositionensystem des ersten Theils angehört, findet sich in den späteren Theilen als Muntbrüche (Rib. 35, 2), als Muntschatz (Rib. 37, 2), als processualische Buße (Rib. 51), also in einer Reihe von Fällen, welche im ersten Theil noch nicht berücksichtigt waren. Wir haben hier den Beweis, daß das Compositionensystem des ersten Theils ursprünglich allgemeine Geltung in Anspruch nahm, und sich nicht etwa auf die gerade im ersten Theil behandelten Fälle der Körperverletzung und Tödtung eines Unfreien beschränkte, daß folglich durch jeden salischen Bußsatz der späteren Theile ein ursprünglicher eigenthümlich ribuarischer verdrängt worden ist.

In seiner ferneren Entwickelung ist das ribuarische Compositionensystem vollständig von dem salischen durchdrungen und beherrscht worden.

Die altribuarischen 50 sol. in Rib. 51 (als processualische Buße) werden Rib. 64 durch die salischen 45 sol. beseitigt.

Es läßt sich nachweisen, daß auch die im ersten Theil der Lex Ribuaria verzeichneten alten Ansätze für Körperverletzung und Tödtung eines Unfreien allmälig den salischen gewichen sind. Die Conservirung derselben in einzelnen Stellen der späteren Theile (oben S. 52. 53) ist nur eine theilweise, und hat auch auf die Dauer nicht Stand gehalten.

Nach Rib. 5, 5 gilt der Daumen eines freien Mannes 50 sol. Der Ansatz ist beibehalten in Rib. 59, 3: der Schreiber einer falschen Urkunde soll seinen Daumen verlieren, oder denselben mit 50 sol. lösen; nicht so in Rib. 58, 6: der Archidiacon, welcher eine falsche Freilassungsurkunde ausgestellt, büßt nicht mit 50, sondern mit 15 sol.

Innerhalb des ersten Theils selber finden wir Rib. 24: die sanguinis effusio, von einem servus an einem servus verübt, soll 2½ sol. kosten, und Rib. 25: Si os ei fregerit, 5 sol. culp. jud. Diese Bußsätze sind Bruchtheile (Sechstel) von 15 und 30 sol., nicht von den 18 und 36 sol., welche nach Rib. 2. 3 bei sanguinis effusio, os fractum an einen Freien gezahlt werden sollen. Wir erkennen zugleich, daß Rib. 24. 25 später eingeschoben, sowie, daß die 18 und 36 sol. in Rib. 2. 3 später in Abgang gekommen sind.

Zu ihrem Abschluß ist diese Aenderung der Bußen in Rib. 1—31 erst in karolingischer Zeit gekommen.

Handschriften der „karolingischen" Recension ändern die ribuarischen 36 sol. in die salischen 30 oder 35 sol. So die wolfenbüttler Handschrift (nach Pertz Archiv VII, S. 752 der „karolingischen" Recension angehörig) in Rib. 5, 7, 9, die Herold'sche Ausgabe[7]) in Rib. 28. In der münchener Handschrift ist Rib. 26: bis novem sol. corrigirt: 15 sol.

Karl der Große hat endlich selbst Hand an's Werk gelegt. In seinem zur Lex Ribuaria erlassenen Capitular (*Pertz*, Legg. I, p. 117) bestimmt er:

---

[7]) Herolds Eintheilung entspricht allerdings der „merovingischen" Recension, doch hat derselbe wahrscheinlich auch hier, wie sonst, aus verschiedenen Texten compilirt. So ist z. B. sein Titel 1 der Lex Ribuaria nichts Anderes als das cap. 1 des von Karl dem Großen zu dieser Lex erlassenen Capitulare.

C. 1 (Ad. legis Ribuar. titulum 1)*). Si quis ingenuus ingenuum ictu percusserit, *quindecim solidos* conponat.

c. 2 (10). Homo regis, id est fiscalinus, et ecclesiasticus *vel litus* interfectus, *centum* solidis conponatur *).

Es ist damit constatirt, daß das ribuarische Stammesrecht in einer so wesentlichen Hinsicht wie das Compositionensystem dem salischen gegenüber seine Eigenthümlichkeit aufgegeben hat. Mit der Eindringlichkeit dieses Vorganges sind die nur sporadischen Wirkungen, welche das salische Recht auch auf die alamannischen und bairischen Compositionen geübt hat [10]), kaum in Parallele zu stellen.

Gleich bemerkenswerth ist die Conservirung einer Reihe der alten Bußen durch ihre Verzeichnung in dem ersten Theil der Lex Ribuaria. Der im Uebrigen so gut wie allgemeine Durchbruch salischen Rechts vermag ihren Bestand erst in später Zeit zu erschüttern.

Mit diesem Exempel vermögen wir den Unterschied zwischen den Volksrechten und den Rechtsbüchern des Mittelalters bestens zu belegen. Während diese als Privatarbeiten, erscheinen jene als Aufzeichnungen unter öffentlicher Autorität. Wie die Lex Salica nach den bekannten Nachrichten des Prologs in der Volksversammlung von den dazu erlesenen rechtskundigen Männern, so

---

*) Vgl. Rib. 1: Si quis ingenuus ingenuum ictu percusserit *solido uno* culpabilis judicetur, si bis, *duobus solidis*. Si ter, *tribus solidis* culpabilis judicetur.

*) Vgl. Rib. 9. 10. 62, 1: Si quis servum suum tributarium aut litum fecerit, si quis eum interfecerit, *triginta sex solidis culp. jud.* — In der Lex Franc. Cham. c. 5 ist die Aenderung Karls des Großen schon recipirt: Qui lidum occiderit, sol. 100 componat.

[10]) In der Lex Alamannorum Illothariana tritt das alamannische Fredum von 40 sol. hinter dem salfränkischen von 60 sol. zurück, während die Lantfridana jenem wieder den Vorzug giebt, *Merkel* Legg. III p. 20. Vgl. Wilda Strafr. S. 92. 463. 464. Die salische Buße von 45 sol findet sich Alam. Illoth. 8a (nach Merkels Note ein fränkischer Zusatz) und Lantfr. 6; 15 sol. in Alam. Kar. 8. — In den ersten Titeln der Lex Baj. erscheint durchgängig die salische Buße von 15 statt der bairischen von 12 sol., an einigen Stellen auch das salische Fredum von 60 sol., Roth, Entstehung der Lex Baj. S. 59.

ist die Lex Ribuaria, wie wir zunächst wenigstens für den ersten Theil derselben behaupten können, unter Mitwirkung der königlichen Gewalt verfaßt worden[11]). Es ist die jenen Bußbestimmungen beiwohnende gesetzliche Kraft, welche ihnen ihre Dauerhaftigkeit gegeben hat. —

Das gewonnene Resultat giebt uns zugleich einen Beleg für das hohe Alter unseres ersten Theils. Aus dem ersten uns überkommenen, speciell für Anster erlassenen Königsgesetz ersehen wir, daß der dargelegte Uebergang des altribuarischen Bußensystems in das salische, — eine Entwickelung, die selbstverständlich nicht in einem oder zwei Jahrzehnten sich vollenden konnte, — schon Ende des 6. Jahrhunderts in der Hauptsache sich vollzogen hatte. In der decretio Childeberti II v. J. 596 (*Pertz*, Legg. I, p. 9. 10) findet sich keine jener altribuarischen Zahlen, dagegen die salische Buße von 15 sol. (c. 3)[12]) und die von 60 sol. (c. 9).

Rogge hat den ersten Theil der Lex Ribuaria noch vor Theodorich I setzen wollen (s. oben §. 1 Note 5), also etwa in die gleiche Zeit, zu welcher die Lex Salica verfaßt wurde. Indessen hat sich dagegen die gemeine Meinung mit Recht erklärt.

Schon in unserem ersten Theil werden die Verhältnisse der homines regii und ecclesiastici eingehend berücksichtigt (Rib. 9. 10. 11, 3. 14. 18, 3. 19 ff.). Es deutet dies auf eine Zeit, wo die fränkische Reichsgründung schon vollzogen, und „die Beziehungen zu den Romanen mit ihrer zahlreichen Sklavenbevölkerung viel ausgedehnter waren" als zur Zeit der Lex Salica[13]).

Es zeigt ferner schon der erste Theil der Lex Ribuaria den Grundsatz, daß der Diebstahl mit dem Tode zu bestrafen sei[14]), und läßt sich dieser Grundsatz für das fränkische Recht vor der Reichsgründung nicht nachweisen; die Lex Salica hat bekannt-

---

[11]) Vgl. Rib. 18, 1: sicut — constituimus.
[12]) Auch in c. 14 finden sich 15 sol., aber nach den meisten Handschriften mit dem Zusatz: si Salicus fuerit; nur eine hat: si Francus fuerit. Den Gegensatz bildet der Romanus.
[13]) Roth, Feudalität S. 289. Vgl. über die Stellung dieser Freigelassenen unten §. 4.
[14]) S. darüber §. 3.

lich für die verschiedenen Diebstahlsfälle verschiedene Bußen, von 3 sol. bis zu 62½ sol. aufsteigend.

Aehnlich steht es mit dem Beweisrecht des ersten Theils.

Die ganz allgemein aufgestellte Behauptung [15]), daß der Eid mit Helfern für das ursprüngliche Beweismittel des deutschen Rechts zu halten sei, scheint mir nicht genügend begründet. Nach dem Recht der Lex Salica lautet das Beweisurtheil für den Beklagten auf Kesselfang [16]); zum Schwur mit Helfern gelangt derselbe nur in Folge eines Zugeständnisses von Seiten des Gegners, welches durch Zahlung einer bestimmten Summe gleichsam vergütet werden muß [17]). Man hat diese Bestimmungen auf eine Besonderheit salischen Stammesrechts zurückgeführt. Dagegen ist darauf aufmerksam zu machen, daß seit dem 6. Jahrhundert auch nach salischem Recht das Urtheil auf Reinigung mit Eideshelfern lautet [18]). Alle übrigen deutschen Volksrechte sind aber erst in dieser Zeit verfaßt, wo danach das salische Recht im Beweisrecht mit ihnen übereinstimmte. Es scheint, daß das Recht der Lex Sälica nicht als particuläres, sondern als das älteste Recht aufzufassen ist. Wir constatiren wenigstens auf Grund der Bestimmungen in der Lex Salica, daß Ende des 5. Jahrhunderts das Conjuratorensystem fränkischen Rechts noch in der Entwickelung stand. Dagegen zeigt schon der erste Theil der Lex Ribuaria dasselbe in seiner vollen Ausbildung. Fast zu jedem Bußsatz finden wir die entsprechende Zahl von Eideshelfern angemerkt, mit welcher der Reinigungseid im Fall der Klage zu erbringen war [19]).

---

[15]) Z. B. Eichhorn I, S. 409 ff. Rogge, Gerichtswesen der Germanen S. 147 ff. Walter §. 656 ff. Siegel, Geschichte des deutschen Gerichtsverfahrens I, S. 176 ff. 264 ff.

[16]) Vgl. Siegel S. 270. 271.

[17]) Z. B. Sal. 53, 1: Si quis ad ineum admallatus fuerit, et *forsitan convenit*, ut ille qui admallatus est, manum suam redemat, et juratores donet, si talis causa est, unde legitime sol. 15 si adprobatus fuisset, componere deberet, — *solidos tres manum suam redemat*.

[18]) Vgl. die Formeln bei *Rozière* 487. 488 (Andeg. 28. 30). 491 (Sirm. 30. 31). 492 (App. Marc. 29). 493 (Andeg. 49). 494 (App. Marc. 34). 495 (Andeg. 11). 497 (Andeg. 24). — Nach Roz. 493 (Andeg. 49) wird bei einer Klage um das Wergeld auf Reinigung mit 12 Helfern erkannt, in Uebereinstimmung mit allen übrigen deutschen Volksrechten.

[19]) Die Stelle über das tangano in Rib. 30,1 lassen wir bei Seite, weil

Die angeführten Umstände sprechen dafür, daß der erste Theil der Lex Ribuaria in der ersten Hälfte des 6. Jahrhunderts, vielleicht schon unter Theodorich I, zur Aufzeichnung gelangte.

Den Schluß des ersten Theils bildet die bekannte königliche Constitution über die Persönlichkeit der Rechte, Rib. 31, 3—6 (Hoc autem constituimus — —). Dieses Gesetz kann erst nach dem Jahr 534 erlassen sein, weil es neben Franken und Alamannen auch die Burgunder als dem fränkischen Reiche angehörig aufführt. Sein Verhältniß zum ersten Theil lassen wir dahin gestellt. Es ist möglich, daß es schon ursprünglich demselben angehörte. Schon in Rib. 18, inmitten des ersten Theils, finden wir ein constituimus, also ein königliches Gesetz. Dafür, daß es ein späteres Anhängsel sei, läßt sich seine Stellung am Ende des ersten Theils und der Mangel des Zusammenhangs mit den §§. 1. 2 desselben Titels anführen. Auf jeden Fall scheint die Stelle nicht tauglich, für die Entstehungszeit des ganzen ersten Theils einen sicheren Anhaltspunkt zu geben.

§. 3.
Der zweite Theil.
(Rib. 32—64.)

Für den zweiten Theil der Lex Ribuaria ist besonders sein Verhältniß zur Lex Salica von Interesse. Insoweit dasselbe äußerlich hervortritt, ist es oben §. 1 Gegenstand unserer Betrachtung gewesen. Hier soll es sich darum handeln, wie der Inhalt des zweiten Theils zu dem der Lex Salica steht.

Die Zusammenstellung oben S. 388—390 zeigt, daß bei Weitem nicht alle Titel der Lex Salica von unserem Theil recipirt worden sind.

Die Methode der Arbeit verräth die **Absichtlichkeit**, mit welcher die hier fehlenden Stellen ausgelassen sind[1]). Die

---

das Schwanken der Handschriften für jetzt die Entscheidung unmöglich macht, ob die Erwähnung der gerichtlichen Frage schon dem ursprünglichen Texte angehörte. Vgl. Siegel, Gerichtsverf. S. 131 Note 1.

[1]) Vgl. oben S. 390. 391.

(Gesichtspunkte, welche dabei maßgebend gewesen, lassen sich ziemlich deutlich erkennen ²).

Zunächst hat der zweite Theil der Lex Ribuaria nicht wiederholen wollen, was im ersten Theil schon seine Erledigung gefunden hatte. Der erste Theil der Lex Ribuaria ist recht eigentlich dem Hauptstück des Compositionenrechts, den Bußen für die Verletzung der Persönlichkeit (Körperverletzung, Tödtung) gewidmet. Der zweite Theil, welcher demnach unzweideutig als Zusatz zum ersten Theil erscheint, hat die hievon handelnden Titel der Lex Salica ausgeschlossen. So:

Sal. 17. De vulneribus.
19. De maleficiis.
24. De homicidiis parvolorum vel mulierum.
28. De elocationibus.
29. De debilitatibus.
35. De homicidiis servorum.
41. De homicidiis ingennorum.
42. De homicidio in contubernio facto.
43. De homicidio in contubernio facto.
62. De conposicione homicidii.

Es scheint, daß auch die von den Injurien handelnden Titel Sal. 30 de conviciis, 31 de via lacina, 64 de herburgium, aus dieser Rücksicht, nämlich als gleichfalls von der Verletzung, Nichtachtung der Persönlichkeit handelnd, fortgelassen sind, obgleich im ersten Theil nicht gerade insbesondere der Injurien gedacht wird.

Nur in Rib. 53 findet sich eine im ersten Theil noch nicht gegebene Bestimmung de homine in hoste occiso (= Sal. 63 de homine in oste occiso), woran in Rib. 64 de homine in domo propria occiso ein dem Inhalt nach mit Sal. 42 de homicidio in contubernio facto verwandter Satze eingefügt ist.

Derselbe Grund erklärt die Auslassung von Sal. 16 de incendiis (vgl. Rib. 17 de incendio) und von Sal. 40: Si servus in furtum fuerit inculpatus (vgl. Rib. 30 de interpellatione servorum).

An anderer Stelle hätte fortgesetzte Benutzung der Lex Salica zu einer Wiederholung innerhalb des zweiten Theiles selber

---

²) Vgl. *Rogge*, p. 15 sqq.

geführt. In Rib. 32. 33 war in Anschluß an die Rechtssätze über die mannitio (= Sal. 1 de mannire) auch das Verfahren beim Anfang abgehandelt. Der später von der Dritthand sprechende Titel 47 der Lex Salica ist daher nicht mehr berücksichtigt worden.

Von größerem Interesse sind die Fälle, in welchen die Auslassungen der Lex Ribuaria einer Divergenz zwischen salischem und ribuarischem Recht, oder auch dem Unterschied späterer und früherer Zeit einen Ausdruck geben.

Mit Bestimmtheit führen wir den Mangel eines Paralleltitels für Sal. 44 de reipus auf einen Gegensatz beider Stammesrechte zurück. Der bei Verlobung mit einer Wittwe vom Mann an die Spillmagen derselben zu entrichtende reipus (3 sol. und 1 den.) hat sich, obwohl schon von Chilperich Ende des 6. Jahrhunderts aufgehoben³) und obwohl zur Zeit Ludwigs des Frommen augenscheinlich schon veraltet⁴), dennoch wenigstens traditionell bis ins 11. Jahrhundert erhalten, und zwar als eine Eigenthümlichkeit salischen Rechts. Eine langobardische Notariatsformel aus dieser Zeit (Walter Corp. jur. germ. III, p. 556), welche sichtlich Sal. 44 nachgebildet worden ist, behandelt ausführlich die besondere Weise, qualiter vidua Salicha spondetur, mit dem Zusatz: nam de puella fit ut de ceteris, bei Verlobung der Jungfrau ist es wie bei den Jungfrauen anderer Stämme.

Dagegen ist bei einer ganzen Reihe von Titeln processualischen Inhalts der Grund für das negative Verhalten der Lex Ribuaria in dem Fortschritt der Entwickelung zu suchen, welcher das Recht der späteren salischen Quellen in gleicher Weise wie das

---

³) Ed. Chilp. c. 2: Similiter convenit, ut rebus (nach *Pertz* Legg. II, 10 Note, für reibus) concederemus omnibus leodibus nostris, ut per modicam rem scandalos non generetur in regione nostra. Vgl. dazu Roth. Benef. S. 285. Schröder, Gesch. des ehel. Güterr. I, S. 63, Note 29.

⁴) Cap. ad Leg. Sal. a. 819 c. 8 (*Pertz* I, 225): De 46 capitulo, id est qui viduam in conjugium accipere vult, judicaverunt omnes, ut non ita sicut in lege Salica scriptum est, eam accipiat, sed cum parentorum consensu et voluntate, vel ut usque nunc antecessores eorum fecerunt, in conjugium sibi eam sumat. Schröder S. 63: „unter Ludwig dem Frommen ist das Institut bereits so vollständig antiquiert, daß ein ganzer Reichstag darüber keine Auskunft zu geben vermag."

Recht der Lex Ribuaria dem um die Mitte des 5. Jahrhunderts in der Lex Salica verzeichneten fränkischen Recht entgegengesetzt.

Hierher sind zunächst zu zählen Sal. 45 de migrantibus; 50 de fides factas⁵), auch 51 de rem prestitam. Jene beiden Stellen haben überhaupt, diese letztere hat ihrem processualischen Inhalt nach keine Aufnahme gefunden⁶).

An allen diesen drei Orten wird wesentlich übereinstimmend ein eigenthümliches Verfahren geschildert, welches nach mehrmaligem testare, d. h. nach mehrmaliger vom Kläger an den Beklagten ergangenen Zahlungsaufforderung, (beim homo migrans die Aufforderung, ut exeat⁷) zu einem gerichtlichen Termin, von diesem unmittelbar zur Execution fortschreitet. Die Alterthümlichkeit dieses Processes erhellt schon daraus, daß derselbe regelmäßig der von der Parthei selber vorgenommenen außergerichtlichen Pfändung zur Vorbereitung dient⁸). Es läßt sich nachweisen, daß diese Art des Rechtsgangs, für bestimmte, insbesondere für die Fälle der Contractsschuld ausgebildet, als ein schleuniges, executivisches Verfahren⁹), ohne Untersuchung der rechtserzeugenden Thatsachen, unmittelbar auf die Verwirklichung des Rechtsanspruchs selber gerichtet, zu der gewöhnlichen mit der mannitio anhebenden Procedur, welche von Behauptung der **Klagthatsachen** zum **Beweisurtheil**, von diesem zu **gerichtlicher** Execution fortschreitet, im Gegensatz steht, und eben jene Fälle diesem, dem eigentlich gerichtlichen Verfahren, **entzieht**. Schon die älteste uns überkommene Formelsammlung, die von Angers, zeigt uns den völligen Untergang jener executivischen Rechtsverfolgung. Hier wird aus dem Contract ebenso wie aus dem Delict¹⁰) vor Gericht verfahren, mit Behauptung der

---

⁵) Nur §. 1 dieses Titels. Sal. 50, 2. 3 handeln von einem ganz anderen Fall, wie Siegel Gerichtsverfahren I, S. 248. 249 gezeigt hat. Zu Sal. 50, 2. 3 findet sich schon Rib. 32, 3. 4 die Parallelstelle.

⁶) Rib. 52 de re praestata lautet nur: Si quis rem suam alii praestiterit, et placitum indixerit, quod si super placitum rem praestitam retinere praesumpserit 15 sol. multetur.

⁷) Vgl. Siegel S. 69—72, wo auch der Unterschied zwischen mannitio und testatio nachgewiesen ist.

⁸) Vgl. Siegel S. 249.

⁹) Vgl. Waitz Sal. R. S. 164.

¹⁰) Für das Delict galt schon zur Zeit des Tacitus das **gerichtliche**

Klagthatsachen und darauf folgenden Beweisurtheil[11]). Die Nichtberücksichtigung jener Titel von Seiten der Lex Ribuaria ist Folge und zugleich Ausdruck dieser Rechtsänderung.

Zwei andere Titel der Lex Salica stehen mit dem ältesten fränkischen Executionsverfahren in Verbindung. Sal. ‚58 de chrene cruda[12]) handelt von dem Verfahren gegen den Mörder, welcher das Wergeld nicht aufzubringen vermag. Dasselbe endet, falls auch die Verwandten nicht zahlen können, mit der Todesstrafe des Verbrechers, de sua vita conponat. Wir haben ein positives Quellenzeugniß, daß dies Verfahren später in Abgang kam. Text B bemerkt zu Sal. 58 in nov. 262. 263: quod paganorum tempus observabant — deinceps numquam valeat, quia per ipsam multorum cecidit potestas.

Sal. 58 setzte den Fall voraus, daß der Schuldner zahlen wollte, aber nicht konnte. Das Verfahren gegen den Contumax wird in Sal. 56 de eum qui ad mallum venire contemnit, geschildert. Das Urtheil ist gesprochen, ut aut ad ineo ambularet (der Beklagte) aut fidem de conposicione faceret. Nach dem Recht der Lex Salica mußte zu dem Urtheil, damit es exequirbar werde, von Seiten des Beklagten das Urtheilerfüllungsgelöbniß hinzukommen[13]). Bleibt der Schuldige aus, und kommt weder vor das Volksgericht, noch vor das Königsgericht, so können die 15 sol., welche er etwa schuldet, nicht zwangsweise beigetrieben werden; es tritt nur ein Contumacialnachtheil, aber der stärkste, ein, welcher dem deutschen Rechte bekannt ist. Der Contumax fällt in die Acht, tunc rex ad quem mannitus est, eum extra sermonem suum ponat. Dies in Sal. 56 enthaltene Recht, wohl der processualischen Pflicht Nachdruck, aber dem Privatanspruch des Klägers keine Befriedigung verschaffend, ward später für unpraktisch befunden, und von Chilperich (regierte 561—584)

Verfahren, Germ. 12: Licet apud concilium adeusare quoque et discrimen capitis intendere. Distinctio poenarum ex delicto. — —
[11]) Rozière 449 (Andeg. 29) Klage aus einem Commendat. Kläger beweist mit Zeugen. — Roz. 488 (Andeg. 30) die persönliche Klage (actio pignoratitia directa) auf Restitution eines in Satzung gegebenen Grundstücks. Reinigungseid des Beklagten mit Helfern.
[12]) Vgl. Waib, Sal. R. S. 175 ff. •
[14]) Vgl. Siegel S. 219 ff. 245 ff.

aufgehoben [14]). Es war von jetzt an das Urtheil ohne Urtheilserfüllungsgelöbniß exequirbar, ein Rechtssatz, zu welchem auch Rib. 32, 3. 4, in unserem zweiten Theil, eine Belegstelle giebt [15]). Aus dem Vorangehenden erhellt, weshalb sowohl Sal. 58 als 56, bei Abfassung des zweiten Theils der Lex Ribuaria unterdrückt worden sind.

Von Sal. 53 de manum ad ineo redemendam ist schon oben S. 403 die Rede gewesen. Das in diesem Titel enthaltene alterthümliche Beweisrecht erscheint schon zur Zeit des ersten Theils der Lex Ribuaria als antiquirt, und ist daher von einer Herübernahme dieses Titels in den zweiten Theil keine Rede.

In den aufgezählten Titeln,
Sal. 45. De migrantibus.
50. De fides factas.
(52. De rem prestitam)
53. De manum ad ineo redemendam.
56. De eum, qui ad mallum venire contemnit.
58. De chrene cruda.

welche sämmtlich von der Lex Ribuaria übergangen worden sind, erschöpft sich die Hauptmasse des altsalischen Proceßrechts. Von der fundamentalen Aenderung an Haupt und Gliedern, welche hier vor sich gegangen, giebt jenes consequente Stillschweigen der Lex Ribuaria das beredteste Zeugniß. Es scheint, daß durch dieselbe Entwickelung das in Sal. 60 de eum qui se de parentilla tollere vult geschilderte alterthümliche Verfahren vor dem thunginus in Abgang gekommen ist. Wenigstens ist weder hier in der Lex Ribuaria noch in den Zeugnissen des späteren salischen Rechts eine Spur dieses Actes freiwilliger Gerichtsbarkeit aufbewahrt worden.

Nicht mit der gleichen Deutlichkeit, mit welcher für das Fehlen des Titels de reipus die Verschiedenheit der Stammesrechte, für die Uebergehung der Titel processualischen Inhalts der Fortschritt der Rechtsentwickelung als Grund sich herausstellt, läßt sich das Eine oder das Andere als Ursache für die Auslassung der salischen Diebstahlstitel erkennen. Von den so

---
[14]) Ed. Chilp. c. 7. Vgl. Sal. nov. 19.
[15]) Vgl. Waitz, Verf. Gesch. II, S. 594 Note 2.

zahlreichen über die Diebstahlsbußen handelnden Titeln der Lex Salica hat nur ein einziger, Sal. 33 de venationibus (= Rib. 42 de venationibus), in unserem zweiten Theil Berücksichtigung gefunden. Es sind ausgelassen worden

Sal. 2. De furtis porcorum.
3. De furtis animalium.
4. De furtis ovium.
5. De furtis caprarum.
6. De furtis canum.
7. De furtis avium.
8. De furtis apium.
9. De damnum in messe vel qualibet clausura inlatum [16]).
10. De servis aut mancipiis furatis.
11. De furtis ingenuorum vel effracturis.
12. De furtis servorum vel effracturis.
14. De superventis vel expoliatis.
21. De navibus furatis.
22. De furtis in molino commissis.
27. De furtis diversis.
38. De furtis caballorum vel equarum.
39. De plagiatoribus.
65. De caballo mortuo extra consilium domini sui decotato.

Verwandte Materien berühren die gleichfalls ausgelassenen Titel:

Sal. 25. De adulteriis ancillarum [17]).
26. De libertis demissis [18]).

---

[16]) Die Vergleichung von Rib. 82 de damno in messe vel in clausura zeigt, daß nach ribuarischem Recht auch dieser Fall unter der Diebstahls buße stand, verh.: cum *furto* et delatura culpabilis judicetur.

[17]) Das adulterium cum ancilla fällt unter den Gesichtspunkt der Vermögensbeschädigung, weil es für Sklavinnen selbstverständlich keine Muntbrüche giebt. Auf Vermögensbeschädigungen stand nach ribuarischem Recht die Diebstahlsbuße. Vgl. Note. 16. Auch findet sich dieselbe malbergische Glosse theolasina, wie hier, Sal. 25, so auch bei anderen unter den Gesichtspunkt des Diebstahls fallenden Delicten, vgl. Grimm, Vorrede S. XXXIV.

[18]) Dieser Fall stand nach Rib 58, 8 wenigstens processualisch dem Diebstahl gleich. Auch ist die Buße die nämliche wie für den Diebstahl, vgl. Sal. 26 mit Sal. 10.

Schon von Rogge[19]) und nach ihm von Anderen[20]) ist auf diese Eigenthümlichkeit des zweiten Theils der Lex Ribuaria aufmerksam gemacht worden. Es hat sich nach Rogge die gemeine Meinung gebildet, daß hier ein Unterschied ribuarischen und salischen Stammesrechts vorliege. Jenes habe für alle Diebstahlsfälle ein und dieselbe Strafe gehabt, die nur ausnahmsweise bei einzelnen Gegenständen gesteigert worden sei, während das salische Recht durchweg, dem Princip nach, für jeden einzelnen Fall seine besondere, eigenthümliche Buße gehabt habe.

Worin jene einheitliche Diebstahlsstrafe der Lex Ribuaria bestanden, ist bisher noch nicht näher untersucht. Eichhorn hebt a. a. O. hervor, daß das ribuarische Recht in dieser Abweichung vom salischen mit den meisten anderen Volksrechten übereinstimme. Nach diesen anderen Volksrechten besteht die Diebstahlsstrafe ganz regelmäßig in mehrfachem Ersatz des gestohlenen Objects, so bei Alamannen, Baiern, Sachsen, Langobarden in neunfachem, bei Burgundern und Thüringern in dreifachem, bei den Friesen in doppeltem[21]) Ersatz, außerdem regelmäßig ein Fredum; für großen Diebstahl haben Baiern, Burgunder, Sachsen, Friesen daneben die Todesstrafe[22]). Es läßt sich nachweisen, daß das Recht der Lex Ribuaria mit diesen anderen Volksrechten nicht übereinstimmt.

Vom Diebstahl wird schon im ersten Theil der Lex Ribuaria gehandelt, und geht aus den hier gegebenen Bestimmungen hervor, daß die regelmäßige Diebstahlsstrafe bei den Ribuariern schon damals das eigne Wergeld des Diebes war. Hat ein Sklave gestohlen, so soll sein Herr nach Rib. 29 zu 36 sol. verurtheilt werden[23]). Dieselben 36 sol. verfallen nach Rib. 8 für Tödtung eines Sklaven, sie bilden also für den Unfreien die dem Wergeld des freien Mannes entsprechende Summe. Rib. 18

---

[19]) L. cit. p. 15. 16.
[20]) Eichhorn I S. 252. Stobbe I, S. 61.
[21]) Ebenso bei den chamavischen Franken, Cham. 26.
[22]) Vgl. Walter R. G. § 743.
[23]) Nach Sal. 12. 40 je nach den Fällen nur zu 3 oder 6 sol.; erst, wenn die Diebstahlsbuße für den freien Mann 45 sol. betragen würde, soll der servus mit seinem Leben einstehen, capitali sententia feriatur.

de sonesti, ben Heerdendiebstahl behandelnd, setzt für den Freien 600 sol., für den homo regius aut ecclesiasticus 300 sol., für den servus 36 sol. an [24]). Dem qualificirten Diebstahl entspricht die für Freie und Halbfreie durchgeführte Steigerung des Wergelds. Derselbe Rechtssatz ist für unseren zweiten Theil in Rib. 63 ausgesprochen: Si quis hominem *in hoste* interfecerit, *triplici weregildo* culpabilis judicetur. *De furto similiter*. Todesstrafe und Strafe des eigenen Wergeldes sind aber im praktischen Erfolge identisch. Wer sein Wergeld nicht zu zahlen vermag, verfällt dem Tode (Sal. 58); wer zum Tode verurtheilt ist, kann sich durch Zahlung seines Wergeldes lösen [25]). Für einzelne Fälle stehen daneben niedrigere Bußen, aber feste Zahlen, nicht mehrfacher Ersatz, wie bei den übrigen deutschen Stämmen [26]), z. B. 15, 30, 45 sol. für das furtum de venationibus (Rib. 42). Daß hier eine Ausnahme vorliegt, wird ausdrücklich hervorgehoben:

Rib. 42, 2: Si quis cervum domitum — occiderit aut furatus fuerit, *non* sicut de reliquis animalibus *furtum exigatur*, sed *tantum* 45 sol. culp. jud.

In Sal. 33, 2 finden wir für denselben Fall dieselbe Buße, eine nach dem Recht der Lex Salica verhältnißmäßig hohe Strafe,

---

[24]) Der Heerdendiebstahl kostet nach Sal. 2. 17. 3, 7. 8. 4, 4. 38, 3. 4 nur 62½ sol.

[25]) Z. B. Sal. 51, 2: aut se redimat aut de vita conponat. Vgl. namentlich die decretio Childeberti (*Pertz* I, p. 10) c. 5: De homicidiis vero ita jussimus observare, ut quicumque ausu temerario alium sine causa occiderit, *vitae periculum feriatur*. Nam *non* de precio redemptionis *se redimat* aut componat. *Forsitan convenit, ut ad solutionem quisque discendat*, nullus de parentibus aut amicis ei quisquam adjuvet. Dazu die Formeln *Rozière* 465 (Sirm. 32), 511 (Marc. II, 18). — Der austrasische König Theodorich I (511 — 534) ließ mehrere Plünderer hinrichten, diversis *mortibus* condemnavit, Gregor. de mir. S. Juliani c. 13. Ebenso später Sigibert (561—575), Gregor. hist. Francor. IV, 50.

[26]) Ein einziges Zeugniß fränkischen Rechts kennt beim Diebstahl mehrfachen Ersatz, Lex Sal. nov. 12: Si servus cum ingenuum furtum fecerit, servus in *duplum* si quod consorciavit retat (für reddat) — — ingenuus vero *quadruplum* excipiat damnum. Die Stelle (dem cod. 2 angehörig) ist ganz vereinzelt, und findet in den späteren Recensionen keine Berücksichtigung. Es muß dahin gestellt bleiben, welchen Einflüssen jener Zusatz seine Entstehung verdankt.

da hier die höchste Diebstahlsbuße sich auf 62½ sol. beläuft; das „nur" (tantum), welches die Lex Ribuaria einschiebt, deutet klar auf den Gegensatz zwischen dem Wergeld und diesen 45 sol.

Ganz dieselben Grundsätze, Todesstrafe und daneben für geringere Fälle bestimmte kleinere Bußen, hat aber auch das spätere salische Recht für den Diebstahl. Das älteste gesetzliche Zeugniß finden wir allerdings erst in der Childebert II und Chlotar II zuzuschreibenden [27] „Friedenseinigung", dem l'actus pro tenore pacis dominorum Childeberti et Chlotharii regum (bei *Merkel*, Lex Salica p. 44, *Pertz* I, p. 7):

> c. 1: — decretum est, ut apud quemcumque post interdictum latrocinius conprobatur, *vitae incurrat periculum*. c. 2: — — Et si latro redimendi se habet facultatem, se redimat. si facultas deest, — de vita conponat.

Dies Gesetz kann erst nach 584 erlassen sein, weil Chlothar II erst in diesem Jahre seinem Vater Chilperich I succedirte, also erst nach Abfassung des ersten Theils der Lex Ribuaria (oben §. 2 a. E.). Wir sehen aber aus der Praxis der Gerichte, daß der hier mit Gesetzeskraft ausgestattete Rechtssatz schon früher bei den Saliern in Geltung war.

Anstatt Aufzählung aller einzelnen Fälle mag ein besonders eclatantes Beispiel zum Beleg dienen.

Von dem heil. Eparchius, einem reclusus in Angoulême, (starb 581) erzählt sein Zeitgenosse Gregor von Tours[28]), wie er durch seine gewinnende Rede oft von den Richtern Verzeihung für die Schuldigen ausgewirkt habe.

> Quodam vero tempore, dum *pro furto* quis *ad pendendum* deduceretur, qui et in aliis multis sceleribus, tam in furtis quam in homicidiis accusabatur ab incolis crimisosius, et haec ei (dem Eparchius) nuntiata fuissent, misit monachum suum ad depre-

---

[27]) Eichhorn I, S. 224. 225. Waitz Sal. R. S. 88. Stobbe I, 47. 48.

[28]) Hist. Franc. VI, 8. Er bemerkt am Schluß, daß er diese Geschichte aus dem Munde des betheiligten Grafen selbst gehört habe. Dieselbe findet sich bei ihm noch einmal, wenn auch in Einzelheiten abweichend, de gloria conf. c. 101.

candum judicem, ut scilicet culpabilis ille *vitae concederetur. Sed insultante vulgo atque vociferante, quod si hic dimitteretur neque regioni neque judici possit esse consultum, dimitti non potuit.* Interea extenditur ad trocleas — et *patibulo condemnatur.* Das Gebet des heil. Eparchius befreit ihn dann noch nachträglich vom Tode.

Wegen des **Diebstahls** wird der Mann hier gehängt. Die multa alia scelera (homicidia), welche ihm von der Menge außerdem zur Last gelegt werden, sind nicht Gegenstand des Processes gewesen[29]. Wie das Volk sieht, daß das Opfer dem Tode vielleicht entgehen möchte, erhebt sich ein entsetzlicher Tumult. Daran, daß die Mitwirkung der Umstehenden als Urtheiler in diesem Lärmen zum Ausdruck gekommen wäre, ist auf keinen Fall zu denken. Die Sache stand schon im Executionsstadium, und war also das Urtheil schon gesprochen[30]. Der Graf entschuldigt sich nachher dem heil. Eparchius gegenüber mit den Worten:

insurgente vulgo aliud facere non potui, timens super me seditionem moveri.

Doch zeigt uns die Stelle schon für die Zeit **vor** jenem Gesetz außer der Uebung des Rechtssatzes: den Dieb soll man hängen, zugleich die Festigkeit, mit welcher derselbe im Volksbewußtsein wurzelt. Ein **Aufruhr** droht, da seine Vollstreckung in Frage gestellt scheint[31].

---

[29] Gregor gebraucht accusare hier gerade so wie es z. B. Sal. 18 steht: Si quis ad regem innocentem hominem *accusaverit qui absens est —* sol. 62½ culp. jud. (vgl. Rib. 38). Hier wie dort heißt es blos „beschuldigen, verläumden". Auf Erhebung einer gerichtlichen Klage gegen einen Abwesenden stand gewiß keine Strafe.

[30] Auch die folgenden Worte: et patibulo *condemnatur* können dagegen nicht angeführt werden. Man vgl. Greg. VII, 47: Sichar fällt, von einem seiner Sklaven verwundet, zu Boden. Seine Freunde eilen herbei, und servum crudeliter caesum — *patibulo damnaverunt,* d. h. nur „sie hängten ihn an den Galgen".

[31] Für die **Allgemeinheit** der Todesstrafe im Fall des Diebstahls mag noch nov. 164, ein in Herolds Ausgabe überlieferter späterer Zusatz zu Sal. 58 angeführt werden. Sal. cit. de chrene cruda schildert, wie der insolvente **Mörder** dem Tode verfällt. Dazu bemerkt jene Stelle: At praesentibus temporibus si de suis propriis rebus non habuerit, unde transolvere — possit, *omnis causa superior comprehensa ad caput suum pertinet observare.* Mit dieser omnis causa sind augenscheinlich die in der Lex Salica vorwiegend behandelten Diebstahlsfälle gemeint. — Vgl. auch Note 25 a. E.

Daß daneben für einzelne Fälle einfache Bußen in Uebung blieben, zeigen die uns überlieferten Formeln von Diebstahlsklagen [32]).

Es ergiebt sich danach Uebereinstimmung salischen und ribuarischen Rechts, in Bezug auf die Diebstahlsstrafe, schon zu der Zeit, in welcher der erste Theil der Lex Ribuaria aufgezeichnet ward, und gemeinschaftlicher Gegensatz der beiden fränkischen Rechte gegen die von den übrigen germanischen Stämmen beobachteten Grundsätze. Das Fehlen der Diebstahlstitel der Lex Salica im zweiten Theil der Lex Ribuaria wird sich demnach einfacher aus der beiden Stämmen gemeinschaftlichen Rechtsentwickelung, als aus der Annahme ursprünglicher Verschiedenheit der Stammesrechte erklären lassen.

Im Voraufgehenden sind alle Titel der Lex Salica erledigt, für welche in dem zweiten Theil der Lex Ribuaria sich kein Paralleltitel findet. Es hat sich ergeben, daß für eine Reihe von Auslassungen die Rücksicht auf den Inhalt des ersten Theils entscheidend war. Unser zweiter Theil erscheint demnach bestimmt als der jüngere von beiden. Die übrigen Auslassungsfälle lassen sich in drei Gruppen bringen, die erste allein aus Sal. 44 de reipus, die zweite aus den vom Proceß, die dritte aus den vom Diebstahl handelnden Titeln bestehend. Nur für Sal. 44 schien die Auslassung genügend durch die Abweichung der beiden Stammesrechte motivirt; bei der zweiten wie bei der dritten Gruppe von Titeln dagegen hat der zweite Theil der Lex Ribuaria durch Unterdrückung derselben sich zugleich als ein Denkmal jüngeren fränkischen Rechts, gleichermaßen dem älteren ribuarischen, wie dem Recht der Lex Salica gegenüber, deutlich gekennzeichnet.

Gerade für den letzteren Umstand entnahmen wir aus dem positiven Inhalt unseres zweiten Theils noch weitere Anhaltspunkte.

Es ist schon in §. 2 nachgewiesen, daß von Rib. 32 an (wo der zweite Theil beginnt), die Compositionen der Lex Ribuaria dem salischen Zahlensystem entsprechen, zugleich, daß in den einzelnen

---

[32]) Roz. 495 (Andeg. 11). Nach Roz. 464 (Bign. 26) ergiebt sich der geständige, aber zahlungsunfähige Dieb in zeitliche Schuldknechtschaft, interim quod ipsos solidos vestros reddere potuero. Er hat Getraide gestohlen.

Bußbestimmungen die Verwandschaft mit dem jüngeren salischen Recht hervortritt.

Außer von den Delicten handelt der zweite Theil der Lex Ribuaria im Wesentlichen nur vom Proceß und vom Familienrecht.

Die Proceßleitung steht nach dem Recht der Lex Salica bei der klägerischen Parthei. Das Gebieten zur Antwort geht nicht vom Gericht, sondern vom Kläger aus, der durch sein tangano den Beklagten bei 15 sol. Strafe zu einer rechtgemäßen Einlassung anhält. Es ist das nämliche Princip, nach welchem der Kläger (ille qui eum causa prosequitur)[33] den Rachimburgen, das Urtheil zu sprechen, der Probant den Zeugen, ihr Zeugniß abzulegen, gebietet. Die Strafe für den Ungehorsam beläuft sich auch in diesen beiden Fällen auf 15 sol.

Ueber das vom Kläger gegen die Rachimburgen gerichtete tangano,

hic ego vos tangano, ut legem dicatis secundum lege salica.

ist der betreffende Titel, Sal. 57, deutlich genug[34]). Daß derselbe Act auch in Sal. 49 de testibus angedeutet wird, scheint bisher noch nicht genugsam gewürdigt zu sein. Im Anfang von Sal. 49 wird bestimmt, daß Probant seine Zeugen durch mannitio selber vorzuladen hat. Der mannirte, aber vom Gericht ausbleibende, Zeuge büßt 15 sol.

Si vero *praesentes* fuerint in testimonium vocati, et *noluerint* jurati *dicere* ea quae noverint *et ferbanniti fuerint* — sol. 15 culpabilis judicetur.

„Sind aber die Zeugen vor Gericht zugegen, und wollen ihr Zeugniß nicht ablegen, nachdem ihnen zu reden geboten ist, so sollen sie gleichfalls 15 sol. zahlen. Allgemein hat man bis-

---

[33]) Die Handschriften 1. 3. 4 ergeben für Sal. 57 (vgl. die Ausgabe von Waitz) die Lesart: Si quis rachineburgii — legem noluerint dicere, debet eis dicere (fürs Passiv) *ab illo qui cum causa prosequitur*: hic ego vos tangano — —. Vgl. die Novellen 151 260. 343. Verderbt ist der Text der Wolfenbüttler Handschrift (Merkels cod. 2): Si — lege noluerint dicere vinit dicat ab illo qui c. c. p., woraus Merkel seine handschriftlich nicht bezeugte Lesart ableitet: veni et dic ad illo qui cum causa prosequitur, welche den Sinn ergeben würde: komm und sage zu dem Kläger.

[34]) Vgl. Siegel I, S. 144 ff.

her bei diesem gegen die Zeugen gerichteten ferbannire an einen obrigkeitlichen Befehl gedacht [35]), doch giebt das Wort dazu durchaus keinen Anlaß. Ferbannire heißt ganz allgemein: „bei Strafe gebieten" [36]), und erscheint daher nur als ein anderer Ausdruck für tanganare, welches nach Grimm von der Wurzel ting, tang, tung, dringen, drängen abzuleiten ist, und dem entsprechend von einer alten Glosse durch adjuro, interpello erklärt wird [37]). Da wir bestimmt wissen, daß der Beklagte, der Urtheilfinder von der Parthei bei Strafe von 15 sol. zum Sprechen angehalten wird, so sind wir im Recht, wenn wir jenes „Gebieten" bei gleichfalls 15 sol. ebenso der Parthei, und nicht dem Richter zuschreiben.

Auf Grund dieser Erklärung von Sal. 49 sind wir im Stande, die Fortdauer der dargelegten Grundsätze bis in verhältnißmäßig späte Zeit zu erweisen. In dem Edict Chilperichs 1 (regierte von 561—584) finden wir c. 7 die merkwürdige Bestimmung, daß der, welcher eine gerichtliche Pfändung ausgewirkt hat, die Rechtmäßigkeit derselben durch septem rachymburgiis *ferrebannitus* beweisen soll. Der weitere Zusatz zu rachymburgiis: qui antea *audissent causam illam* zeigt, daß mit den rachymburgii ferrebanniti die bei dem fraglichen Proceß als Urtheilsfinder betheiligt gewesenen freien Männer gemeint sein sollen. Die Wendung erklärt sich aus dem eben nachgewiesenen Recht der Lex Salica: auch hier sind die ferrebanniti identisch mit den tanganirten, mit den durch das tangano der Parthei zur Urtheilsfindung aufgeforderten und gezwungenen Gerichtsbeisitzern.

Zur Zeit unseres zweiten Theils der Lex Ribuaria ist dieses Stück fränkischen Rechts schon vollständig verschwunden. In Rib. 50 (= Sal. 48. 49) wird von den Zeugen, in Rib 55

---

[35]) Rogge, Gerichtswesen S. 119, der damit die früheren jetzt verschollenen Ansichten von mannire und bannire zusammenbringt. — Wiarda Gesch. des sal. Gesetzes S. 213 und Waitz Sal. R. S. 166. 167 denken gleichfalls an einen obrigkeitlichen Befehl; doch will der Letztere ferbannitus mit „für straffällig erklärt" übersetzen, wie Pardessus, Loi Salique p. 393 not. 564 mit declaré défaillant. — Siegel I. S. 232 Note 24 verzichtet auf eine Erklärung.

[36]) Grimm R. A. S. 732. 844. Müllenhoff bei Waitz Sal. R. S. 282. c. Richthofen Legg. III, p. 670 not. 27.

[37]) Vgl. Grimm R. A. S. 5. Müllenhoff a. a. O. S. 293.

(= Sal. 57) von den Urtheilsfindern gehandelt. Trotz des äußeren Anschlusses dieser Titel an die Lex Salica hat die hier hervortretende proceßleitende Thätigkeit der Parthei seine Stelle gefunden. Es handelt sich nicht mehr um das ferbaunire des Probanten gegen den die Rede weigernden Zeugen, nicht mehr um das tangano des Klägers, welches die schweigenden Rachimburgen zum Sprechen bringt; die Lex Ribuaria gedenkt allein der Anfechtung falschen Zeugnisses durch den Probaten, der Anfechtung des gesprochenen Urtheils von Seiten dessen, in quem sententiam *contrariam* dixerint [38]). Mit der angedeuteten Rechtsänderung ist der Parthei der processualische Zwang entzogen worden. Es ist hervorzuheben, daß hier ebenso wie an einem schon früher (oben S. 409) betrachteten Punkt das Proceßrecht des zweiten Theils der Lex Ribuaria dem salischen Recht nach Chilperichs Edict entspricht.

Von einem Act freiwilliger Gerichtsbarkeit handelt Rib. 48 de homine qui sine heredibus moritur. Die Vergabung von Todeswegen [39]), bei den Franken adfatimus genannt, soll *in praesentia regis* — per scripturarum seriem, seu per traditionem et testibus adhibitis geschehen. Die Lex Salica hatte in dem parallelen Titel 46 de adfathamire [40]) ein ziemlich umständliches Verfahren, erst im gebotenen Ding vor dem thunginus und Zeugen, dann ante regem aut in mallo publico legitimo vorgeschrieben. Es ist bekannt, daß die in Rib. cit. getroffenen Bestimmungen mit dem späteren Recht, wie es z. B. in den, Ende des 7. Jahrhunderts verfaßten, marculfischen Formeln bezugt ist [41]), in Uebereinstimmung steht.

---

[38]) Auf diesen zweiten Punkt hat schon Siegel I, S. 144 Note 1, S. 149 Note 7, aufmerksam gemacht. — Durch den äußeren Anschuß der Lex Ribuaria an die Lex Salica erklärt sich die beide Male wiederkehrende Wendung, Rib. 50, 2: Quod si *noluerint* et falsum testimonium praebuerint; Rib. 55: Si — Rachimburgii inter eos secundum legem Ripuariam dicere *noluerint*, aber gerade an der zweiten Stelle zeigt der Fortgang: tunc ille in quem sententiam contrariam *dixerint* deutlich, daß hier nur der Ausdruck der Lex Salica beibehalten ist.

[39]) Vgl. über das Justitut Beseler, die Vergabungen von Todeswegen (Lehre von den Erbverträgen Bd. 1).

[40]) Erklärt von Beseler a. a. O. S. 96 ff.

[41]) *Rozière* 216 (Marc. I, 13). Vgl. *Roz.* 253 (Marc. 1, 12).

Von den familienrechtlichen Titeln unseres Theils nimmt vor Allem Rib. 37 de dotibus mulierum unsere Aufmerksamkeit in Anspruch.

Ganz mit Unrecht ist dieser Titel bisher von der gemeinen Meinung für ein späteres Einschiebsel gehalten worden[42]). Die Dotalurkunden, welche hier erwähnt werden, sind schon im Anfang des 6. Jahrhunderts bei den Franken in Gebrauch. Unter den Formeln von Angers findet sich ein libellus dotis, *Rozière* 232 (Audeg. 31, 1), mit dem Datum: annum quartum domni nostri Childeberto regis, welches nach Rozière auf das Jahr 530 oder 537 bezogen werden muß. Auch sonst findet sich kein Grund, diesen Titel ebenso wie den voraufgehenden tit. 36 von dem zweiten Theil auszuscheiden. Es ist in §. 1 schon hervorgehoben, daß er mit dem ursprünglich ihm unmittelbar voraufgehenden Titel Rib. 35 de eo qui uxorem alienam tulerit, in innerem Zusammenhange steht, den Bestimmungen über die Muntbrüche die über den Muntschatz hinzufügend, und mit Rib. 35 zusammen den Paralleltitel abgebend für Sal. 15: Si quis uxorem alienam tulerit etc. Wir werden allerdings den Titel 37 für ein Zeugniß späteren Rechts zu halten Anlaß haben, aber dies Resultat wird zur Charakterisirung des ganzen zweiten Theiles dienen.

Es mag uns gestattet sein, unter zu Grund Legung der neuesten Untersuchungen Schröders[43]) an dieser Stelle einen Blick auf die Entwickelungsgeschichte der deutschen dos zu werfen. Die dos des deutschen Rechts ist ihrem Ursprung nach ein Kaufpreis, den der Mann bei Eingehung der Ehe für die Erwerbung des Mundiums über die Frau entrichtete. Ihrem Zwecke gemäß ward sie nach ältestem Recht an den bisherigen Vormund der Frau gezahlt, welcher gegen diesen Entgelt die Vormundschaft an den Mann übertrug. Zur Zeit der Volksrechte kommt die dos aber bei den meisten Stämmen, und so auch bei den Franken, schon nicht mehr dem Vormund, sondern der Frau selber zu. Das alte Recht des Vormunds erhält sich traditionell hie und da, wie z. B. bei den Saliern, und wird durch Zahlung einer ge-

---

[42]) Schon Stobbe I, S. 60 Note 17 hat sich dagegen ausgesprochen.
[43]) Geschichte des ehelichen Güterrechts in Deutschland. Erster Theil. Die Zeit der Volksrechte. 1863.

ringen Summe (1 sol. und 1 denar., resp. 3 sol. und 1 denar.), eines „symbolischen Kaufpreises", befriedigt. Nichtsdestoweniger bleiben zunächst für die an die Frau zu zahlende dos die dem ursprünglichen Zweck derselben entsprechenden Grundsätze bei Bestand. Als ein *puellae* pretium (nach dem Ausdruck der Lex Burgundionum), als der Preis einer an sich unschätzbaren Sache, kann der Betrag derselben, gleichwie der Betrag der Composition, nicht durch die Privatwillkür im einzelnen Fall, sondern nur durch die nationale Ueberlieferung für alle Fälle geregelt werden. Es begegnen daher überall feste Ansätze, welche mit den Compositionen für Verletzung des Mundiums in innerem Zusammenhang stehen. Die alamannische Dos beträgt 40, die ribuarische 50, die sächsische 300 sol. u. s. f. [44]). Die Bestellung der dos befriedigt keinen vermögensrechtlichen Anspruch, sondern, wie die Zahlung des Wergelds, ein Recht der natürlichen Persönlichkeit, ein Geburtsrecht. Die Höhe der dos ist daher wie nach den Stämmen, so innerhalb der Stammesrechte nach den Ständen verschieden,

Baj. 8, 14: Mulieri autem dotem suam solvat *secundum genealogiam suam legitime*.

Bei den Saliern gebührte die dos von 62½ sol. allein der freien Frau; die Litin erhielt nur 30 sol.; bei den Burgundern betrug das puellae pretium 15 sol für die freie, 50 sol. für die adlige Jungfrau.

Mit dem Charakter der Bestellung der dos als Zahlung einer bestimmten Summe hängt es zusammen, daß sie ursprünglich, wie alle Zahlungen, durch Uebertragung von Mobilien vollzogen wurde. Die pecunia des Deutschen war sein Mobiliarvermögen [45]). Für die alamannische dos legitima von 40 sol. ist ebenso wie für die Morgengabe von 12 sol. die Entrichtung in Mobilien ausdrücklich vorgeschrieben [46]) Auch in den fränkischen Dotalurkunden späterer Zeit findet sich ganz regel-

---

[44]) Schröder S. 78, der aber die Frage offen läßt, ob jene Summen ursprünglich „unbedingt maßgebend" oder „nur die gewöhnlichen Beträge" waren. — Wir versuchen im Text den Nachweis, daß die Abweichungen, auf welche sich z. B. Schröder S. 79 Note 9 beruft, späteren Ursprungs sind.

[45]) Vgl. z. B. Baj. 15, 10 mit Merkels Note.

[46]) Alam. Hloth. 55, 3. 56, 2.

mäßig noch eine Menge von Mobilien aufgezählt, welche neben den Immobilien übertragen werden⁴⁷). Es wird sich zeigen, daß unter der ribuarischen gesetzlichen dos von 50 sol. gleichfalls die **Mobiliardos** zu verstehen ist.

Die jenem älteren Standtpunkt entsprechenden, im Voraufgehenden der Hauptsache nach angegebenen Grundsätze finden sich für das altsalische Recht in Sal. 71 (bei *Pertz* Legg. II, 1 als Cap. Chlodovechi c. 1) verzeichnet. Sehen wir jetzt, wie die Lex Ribuaria sich zu denselben verhält. Es heißt in Rib. 37 de dotibus mulierum:

§. 1. Si quis mulierem desponsaverit, *quicquid* ei per tabularum seu chartarum instrumenta conscripserit, perpetualiter inconvulsum permaneat.

§. 2. Si autem per seriem scripturarum ei nihil contulerit, si virum supervixerit, *quinquaginta solidos* in dotem recipiat — —.

Hier ist es nicht so sehr die Erwähnung der Urkunde an sich, welche an eine spätere Zeit erinnert. Vor Allem fällt in die Augen, daß eine durch vertragsmäßige Verebung bestellte dos von der dos legitima unterschieden wird. Die gesetzlichen 50 sol. kommen der Frau nur eventuell zu, für den Fall nämlich, daß ihr durch Urkunde keine andere dos bestellt ist. Es wird ausdrücklich hervorgehoben, daß diese andere, die durch Urkunde bestellte dos von beliebiger Höhe sein kann, verb.: *quicquid* ei — conscripserit.

Wir werden die vorliegende Rechtsänderung vollständig würdigen, wenn wir uns daran erinnern, daß die durch Urkunde bestellte dos zugleich eine in Immobilien entrichtete ist. Urkundliche Eigenthumsübertragung kennt deutsche Rechtsübung nur für Immobilien, oder für Objecte, welche denselben gleichgeachtet werden, z. B. für Veräußerung von Unfreien⁴⁸). Es finden sich Urkunden über obligatorische Rechtsgeschäfte, bei welchen Mobilien den Gegenstand der Verpflichtung bilden⁴⁹),

---

⁴⁷) Vgl. die Formeln *Rozière* 219—240.

⁴⁸) Vgl. Traditiones Wizemburgenses, ed. *Zeuss* Nr. 67. 168. 183. 210. 214. Lacomblet, niederrheinisches Urkundenbuch I, Nr. 31, — alle vom Ende des 8. oder Anfang des 9. Jahrhunderts.

⁴⁹) S. die Formeln für cautiones, *Rozière* 368—373.

es finden sich in Veräußerungsurkunden Mobilien neben Immobilien erwähnt, wie dies z. B. bei den Dotalurkunden ganz regelmäßig der Fall ist [50]), aber es findet sich keine einzige Urkunde oder Formel, welche ausschließlich die Eigenthumsübertragung einer beweglichen Sache zum Inhalte hätte. Für die Consequenz, mit welcher diese Uebung beobachtet ward, mag als Beleg dienen, daß uns Urkunden und Formeln für alle Arten von Klagen überliefert sind, für den Proceß über Statusrechte, für Immobilienvindicationen (diese sind unter den Urkunden fast ausschließlich vertreten), für Klagen aus einem Contract, aus einem Delict, aber keine einzige für die Mobilienvindication. Es war in der Lex Ribuaria (tit. 57, 7) ausdrücklich vorgeschrieben, daß jeder Sieger im Proceß judicium conscriptum accipiat aut testes. Der Gewinn eines Eigenthumsprocesses über ein Grundstück konnte in einem späteren Rechtsstreit als Erwerbstitel angeführt und dann durch die Proceßurkunde bewiesen werden. Bei Mobilien ward diese processualische Quasi-Erwerbsart nicht urkundlich gemacht. Es scheint, als spräche sich auch in diesem Grundsatz die Macht aus, welche nach deutschem Recht der Besitz bei Mobilien über das Eigenthum übt.

Hiernach gewinnt der obige Satz der Lex Ribuaria wesentlich folgenden Inhalt [51]): die Bestellung der dos kann in Immobilien und in Mobilien geschehen. Werden Immobilien zur dos gegeben, so cessirt die Nothwendigkeit, eine bestimmte gesetzliche Höhe derselben einzuhalten; dagegen hat die Frau ein Recht auf eine Mobiliardos von gerade 50 sol. Den praktischen Beleg zu diesem Rechtssatz giebt eine Urkunde aus dem 9. Jahrhundert [52]). Hier verkauft eine Frau die ihr von ihrem Manne Folrabus (ex genere Francorum) durch Urkunde zur dos bestellten Grundstücke um 20 sol.; ihre dos beträgt also kaum das Drittel der salfränkischen, kaum die Hälfte der ribuarischen dos legitima.

Es zeigt sich daran, daß die ursprüngliche Natur der dos vollkommen vergessen ist. Sie gilt dem Vermögen der Frau,

---

[50]) Oben Note 47.
[51]) Vgl. Beseler Lehre von den Erbvertr. I, S. 205. 206. 219 Note 29.
[52]) *D'Achéry*, Spicilegium III, p. 361; bei Schröder als Anhang 8; vgl. Schröder Anhang 7.

nicht mehr ihrer Person. Von diesem Standpunkt aus kann es nicht mehr darauf ankommen, daß die Frau gerade 50, resp. 62½ sol., nicht mehr, nicht weniger, zur dos bekommt. Der Untergang des alten Systems fällt mit dem Eindringen der Immobiliardos zusammen. Während für die Mobiliardos der frühere Betrag beibehalten wird, zeigt sich von vornherein die Unmöglichkeit, durch Uebertragung von Grundbesitz in gleicher Weise die Auszahlung einer bestimmten Summe von solidi zu effectuiren[53]). Es steht daher anzunehmen, daß auch vom salischen Recht in späterer Zeit die alten Grundsätze aufgegeben wurden, seitdem hier die Dotalurkunde, und mit dieser die Bestellung der dos in Immobilien Uebung wurde. Zur Bestätigung dient, daß für das alamannische Recht genau dieselbe Entwickelung nachweisbar ist. Hier heißt es Alam. Hloth. 55, 1 ganz ähnlich wie oben Rib. 87,

>sequat eam (sc. uxorem) dotis *legitima* et *quidquid* parentes ejus legitime placitaverint.

Et steht hier wie sonst[54]) disjunctiv, nicht copulativ. Die dos, deren Höhe vertragsmäßig verabredet wird (quidquid), bildet auch hier zu der dos legitima den Gegensatz[55]). Daß die in beliebigem Betrage bestellte dos zugleich die Immobiliardos ist ergiebt sich aus den ferneren Bestimmungen derselben Stelle. Will der Erbe des Mannes die von der Frau in Anspruch genommene dos nicht herausgeben, quod lex non est, — was nach dem Gesagten nicht identisch ist mit: quod legitimam *excedat*[56]) — so soll die Frau cum nominatos quinque, eventuell durch Zweikampf ihr Recht darthun. Ganz derselbe Beweis wird

---

[53]) Erst unter den Karolingern werden Immobilien in solutum gegeben, Baj. 1, 9. 10 (Baj. 1. 2 stammen aus der Zeit Pipins oder Karl Martells, Roth Entstehung der Lex Baj. S. 12. 13. 56 ff. *Merkel* Legg. III p. 226 ff. Stobbe, I S. 164); eine rheinfränkische Urkunde v. J. 802 bei Lacomblet I, Nr. 23; eine westfränkische v. J. 882 bei *Pérard*, recueil de plusieurs pièces servant à l'histoire de Bourgogne, p. 57; eine bairische des 9. Jahrh. citirt *Merkel* Legg. III, p. 381, Note 17.

[54]) Z. B. Pactus Childeb. et Chloth. c. 6: dominus servi 3 sol. solvat *et* servus ille 300 ictus accipiat. 8: medietatem — conponat *et* sex juratores medios electos dare debet, wo et ganz zweifellos für aut steht.

[55]) Beseler, Lehre von den Erbvertr. I, S. 201. 202.

[56]) So Merkel in der Note, und Schröder S. 150 Note 19.

aber Alam. Hloth. 2, 3 für die Immobilienvindication verlangt. Es kommt hinzu, daß diese dos, von der es heißt quod lex non est, nur im Fall einer solchen Weigerung des Erben der Frau zu Eigenthum; sonst, wenn der Erbe sie freiwillig herausgiebt, nur zu Leibzucht zufallen soll, während die gesetzlichen 40 solidi immer Eigenthum der Frau bleiben[57]). In den alamannischen Dotalurkunden wird nun regelmäßig Rückfall der dos an den Mann oder dessen Erben ausbedungen[58]). Es erhellt, daß auch für das alamannische Recht die dos non legitima, die durch Urkunde und die in Immobilien bestellte identisch sind.

Chlothar II, von dem bekanntlich die im Voraufgehenden benutzte Redaction der Lex Alamannorum herrührt, regierte in Auster 613—628. Wir constatiren danach, daß das alamannische Recht zu Anfang des 7. Jahrhunderts den Rib. 37 parallelen Stand der Rechtsentwickelung aufweist.

Merkwürdig ist, daß Rib. 37 mit der verschiedenen Bestellungsart der dos auch eine verschiedene Art ihrer Vererbung in Verbindung setzt. Die durch Urkunde bestellte dos fällt auch in dieser Hinsicht der Willkür der Contrahenten anheim, quicquid — conscripserit, perpetualiter inconvulsum permaneat. Der Mann kann sich demnach Rückfall der dos an ihn oder an seinen Erben ausbedingen; überträgt er die Dotalsachen aber ohne solchen Vorbehalt, so bleiben dieselben bei der Frau oder deren Erben. Dagegen gilt für die dos legitima die feste Regel, daß diese nur der überlebenden Wittwe zufällt, si virum supervixerit, 50 sol. in dotem recipiat[59]). Nach dem Obigen verstehen wir diese Bestimmungen dahin: bei Auflösung der Ehe durch den Tod der Frau behält der Mann die Mobiliardos von 50 sol., während er die in Immobilien bestellte (falls kein besonderer Vorbehalt gemacht war) an die Erben der Frau herausgeben muß. Dieser Satz ist zu betonen, weil er m. E. auf die weitere Entwickelung des ehelichen Güterrechts von bedeutendem Einfluß gewesen ist. Bei den ribuarischen Franken finden wir später das höchst eigenthümliche Institut der Verfangenschaft[60]), welches dem

---

[57]) Schröder S. 151.
[58]) Schröder S. 150. 172.
[59]) Vgl. Schröder S. 149. 172.
[60]) Roth, Ueber Gütereinheit und Gütergemeinschaft, in Beller und Muthers Jahrb. Bd. 3 S. 325 ff.

französischen Recht bekanntlich fremd geblieben ist. In Rib. 37 finden wir die erste Spur der verschiedenen Behandlung von Mobilien und Immobilien, welche in ganz ähnlicher Weise bei der späteren Verfangenschaft nach Auflösung der Ehe beobachtet wird [61]).

Ueber die Morgengabe (Rib. 37, 2 a. E.) und die Schenkungen unter Ehegatten (Rib. 48. 49) können wir uns kürzer fassen. Auch in diesen beiden Beziehungen steht unser zweiter Theil mit dem späteren salischen Recht auf gleicher Entwickelungsstufe.

Die Morgengabe, ursprünglich eine geringfügige Schenkung, der Frau am Morgen nach der Brautnacht vom Manne dargebracht, lediglich um der Liebe einen Ausdruck, nicht um dem Vermögen der Frau einen Zuwachs zu gewähren, besteht nach Rib. 37, 2 schon in dem Drittel der gesammten ehelichen Errungenschaft [62]). Formeln und Urkunden bezeugen für das westfränkische Recht bereits im 6. und 7. Jahrhundert die nämliche Uebung [63]).

Von den Schenkungen unter Ehegatten ist in den Zeugnissen älteren salischen Rechts nur einmal, Sal. 72 (Cap. Chlodov. c. 8) ganz vorübergehend die Rede. Ausführlicher sind Rib. 48. 49: haben bei kinderloser Ehe Mann und Frau sich gegenseitig ihr ganzes Vermögen übertragen, so bleibt der Ueberlebende im Besitz des ganzen ehelichen Guts; aber Veräußerungen (aus dem Vermögen des Verstorbenen) sind ihm nur im Fall echter Noth (in sua necessitate) oder zu frommen Zwecken (in eleemosyna) erlaubt. Nach seinem Tode fällt das Vermögen des Verstorbenen an dessen Erben zurück [64]). Es sind dies genau dieselben Grundsätze, welche wir für das salische Recht des 7. Jahrhunderts aus den marculfischen Formeln kennen lernen [65]).

Im Voraufgehenden ist der Inhalt des zweiten Theils der Lex Ribuaria der Hauptsache nach zur Sprache gekommen. Die

---

[61]) Roth a. a. O. S. 316. 317.
[62]) Schröder S. 93.
[63]) Schröder S. 92. 93. — Eine Urkunde aus dem Ende des 6. Jahrh., welche die tertia der Frau erwähnt, bei *Bréquigny* dipl. I Nr. 179.
[64]) Beseler I, S. 103 ff.
[65]) *Rozière* 248. 249. 253 (Marc. II, 7. 8. I, 12).

Bestimmungen über das Erbrecht in Rib. 56 de alodibus geben uns an dieser Stelle keinen Anlaß zu näheren Erörterungen**). Es hat sich gezeigt, daß der zweite Theil im Gegensatz zum ersten durchweg jüngeres Recht enthält. Die oben §. 1 aus äußeren Gründen angenommene Sonderung dieser beiden Theile erhält durch die voraufgehende Untersuchung ihre Bestätigung. Für feste chronologische Angaben fehlen uns desungeachtet jetzt noch alle sicheren Anhaltspunkte. Es ist oben (S. 402) bemerkt, daß das in den Compositionen des zweiten Theils hervortretende salische Zahlensystem nach einem Gesetz Chilberts II v. J. 596 schon Ende des 6. Jahrhunderts bei den Ribuariern in Geltung stand. Auch an anderen Stellen sind uns Beziehungen zwischen dem Inhalt unseres Theils und dem salischen Recht des 7., resp. Ende des 6. Jahrhunderts begegnet. Doch genügen solche Anhaltspunkte nicht, da Rechtsbildungen dieser Art halbe, ganze Jahrhunderte hindurch sich zu entwickeln und zu erhalten pflegen. Es soll im folgenden Paragraphen versucht werden, aus dem Inhalt des Gesetzes, welches nach §. 1 zwischen die letzten Titel unseres Theils eingeschoben ist, bestimmteren Boden für die Beantwortung dieser Frage zu gewinnen.

§. 4.
Die Gesetzgebung in Rib. 57—62.

Es ist oben S. 386 f. gezeigt worden, daß die Titel 57—62 den Fortgang des zweiten Theils unterbrechen. Von den zwei ursprünglich die Verbindung zwischen tit. 56 und 63 unserer Ausgaben herstellenden Titeln de aroene und de testamentis regum, hat nur der zweite in Rib. 60 einige Spuren zurückgelassen, der andere ist vollständig verschwunden; das eingeschobene

---

**) Nicht erheblich ist, daß Sal. 59 de alodis nur von der mater superstes, Rib. 56 dagegen ebenso wie die jüngeren Texte der Lex Salica von pater materque superstites redet. Vgl. Waitz Sal. R. S. 108. 109.

Stück zeigt nach Inhalt und Methode seine vollkommene Abweichung von den Eigenthümlichkeiten des zweiten Theils.

Wir haben diese, verhältnißmäßig umfangreichen, Titel Rib. 57 bis 62 als Gesetzgebung bezeichnet. Eine Reihe von Wendungen macht diesen Character derselben zweifellos [1]). Daß der Gesetzgebungsact ein einheitlicher gewesen, wird durch die Einheit des Inhalts, außerdem durch die mehrfach erkennbare Bezugnahme der einen Stelle auf die andere bewiesen [2]). Der Inhalt der Titel ist im Wesentlichen nur ein zweifacher. Es wird vor Allem von den Verhältnissen der Freigelassenen (tit. 57. 58. 61. 62), daneben (tit. 59. 60) von der Immobilienvindication, vornämlich (tit. 59) von dem Urkundenbeweis gehandelt, in Anschluß an die tit. 57, 58 über das nämliche Thema bei Gelegenheit des Freiheitsprocesses gegebenen Bestimmungen.

Zunächst ist das Verhältniß dieser Titel zu den übrigen Theilen der Lex Ribuaria festzustellen.

Daß die Titel Rib. 57—62 jünger sind als der zweite Theil, geht schon aus ihrem äußeren Verhältniß zu demselben hervor, da zwei Titel des letzteren haben verschwinden müssen, um jenen Raum zu geben. Ein anderes Argument bestimmt zugleich ihr Verhältniß zum dritten und vierten Theil.

Der Lex Ribuaria ist im Gegensatz zur Lex Salica eigenthümlich, daß sie des freien Römers (des Romanus possessor der Lex Salica) [3]) ursprünglich in keiner Weise gedenkt [4]). Die homines Romani der Lex Ribuaria, von Löbell und Gaupp [5])

---

[1]) Es heißt in tit. 57 §. 1: nullatenus permittimus. §. 4: fiscum nostrum. In tit. 58 §. 1: Hoc etiam jubemus. §. 2: inlicitum ducimus. §. 7: sicut superius scribere jussimus. §. 19: Hoc etiam constituimus. In tit. 59 §. 7: Quod de venditione conscripsimus, hoc et de donatione constituimus. Hoc autem constituimus. §. 9: permittimus. In tit. 61 §. 1: fiscum nostrum.

[2]) Vgl. Das etiam, superius u. A. in der Note 1 angeführten Stellen. Außerdem 58, 8: judicium *superius* comprehensum. Ebenso 60, 5. 8. — Rib. 57 handelt von der Freilassung per denarium; in 52, 1 wird diese Art der Freilassung für den tabularius ausdrücklich ausgeschlossen; in 61, 3. 62, 2 für den Romanus und den tributarius ebenso ausdrücklich gestattet.

[3]) Roth, Beneficialwesen S. 83 ff.

[4]) Erst in dem späteren tit. 36 (vgl. §. 7) kommt §. 3 der advena Romanus, anscheinend ein freier Römer, vor.

[5]) Löbell, Gregor von Tours S. 146. Gaupp, die germanischen An-

für die freigeborenen Römer gehalten, sind lediglich Freigelassene[6]). Zum Beleg dient zunächst, daß sie nur in Verbindung mit Freigelassenen anderer Art vorkommen[7]), vor Allem aber, daß die Ehe zwischen einem homo Romanus und einer Ribuaria, oder umgekehrt, eine ungleiche ist[8]). Von diesem homo Romanus ist aber weder im ersten, noch im zweiten Theil die Rede, obgleich die im Stande gleichstehenden homines regii und ecclesiastici oft genug erwähnt werden. Er erscheint zuerst in unseren tit. 57—62, und wird Rib. 61, de libertis secundum legem Romanam, ausführlicher von ihm gehandelt, und namentlich sein Wergeld bestimmt, während das der homines regii und ecclesiastici schon Rib. 9. 10 festgesetzt worden war. Nach den Titeln 57—62 ist der homo Romanus dagegen der ganz regelmäßige Begleiter seiner Standesgenossen[9]). Wie er nach Rib. 61 im Wergeld, so steht er nach den folgenden Titeln auch betreffs der Bußen denselben vollkommen gleich. Es kann natürlich nicht behauptet werden, daß das Verhältniß der homines Romani erst durch Rib. 61 bei den Ribuariern bekannt geworden sei; jedoch darf die Berücksichtigung derselben im dritten und vierten Theil recht wohl als durch die Titel 57—62 veranlaßt angesehen werden. Die hier enthaltene Gesetzgebung hat die homines Romani nicht in das ribuarische Recht, aber in das ribuarische Ge-

---

siedlungen, S. 213. Lex Franc. Cham. S. 44 ff. Auch v. Maurer Gesch. der Fronhöfe 1, S. 73 Note 86. S. 77 Note 14 bezieht eine Reihe von Stellen der Lex Ribuaria auf die freien Römer.

[6]) Roth, Feudalität und Unterthanverband S. 291 ff. Beneficialwesen S. 185. 186.

[7]) Rib. 58, 8: si tabularius est vel regius seu Romanus homo. 58, 11: ecclesiasticus, Romanus, vel regius homo. Ebenso 58, 19. 65, 2. 3. 66, 2. 77.

[8]) Rib. 58, 11: Si autem ecclesiasticus, *Romanus*, vel regius homo ingenuam *Ripuariam* acceperit; aut si *Romana* vel regia, seu tabularia ingenuum *Ripuarium* in matrimonium acceperit, *generatio eorum semper ad inferiora declinetur*. Vgl. Roth, Feudalität S. 295. — Die Ehe zwischen freien Römern und Franken war selbstverständlich keine ungleiche. Das Wergeld, für jene 100, für diese 200 sol., „entschied nur über das Standesverhältniß innerhalb desselben Stammes" und setzt keineswegs den romanischen Freien dem fränkischen Halbfreien gleich. Roth, Beneficialwesen, S. 93-95.

[9]) S. die Stellen Note 7.

setz eingeführt. Es wäre demnach Rib. 57—62 für jünger als der zweite und für älter als der dritte und vierte Theil zu halten.

In der letzteren Annahme bestärkt uns der Widerspruch zwischen Rib. 71 de festuca intercurrente, (einer Stelle des dritten Theils) mit den in Rib. 57—62 ausgesprochenen Principien. Rib. cit. lautet bei *Walter*, corp. jur. germ.:

> De quacumque causa festuca intercesserit, lacina interdicatur se cum sacramento idoneare.

Diese „übrigens dunkle" Stelle [10]) entzieht sich nach meiner Ansicht in der gegebenen Fassung jeder Erklärung. Siegel [11]) hat eine solche versucht. Er findet hier den Beleg für seine Annahme, daß nach deutschem Recht von je eine formell (nach fränkischer Sitte durch Werfen der festuca) eingegangene Verpflichtung mit dem Eide nicht habe geläugnet werden können. Das Wort lacina ist nach Siegel eingeschobene Glosse, den voraufgehenden Satz erläuternd: de quacumque causa festuca intercesserit, d. h. „wozu die festuca sich gesellt hat" (lacina bezeichnet nach Grimm auch den concubitus), da soll ihm (dem Schuldner) die Reinigung mit dem Eide untersagt werden. Es ist zuzugeben, daß diese Erklärung, wenngleich etwas künstlich, dennoch die auf Grund jener Lesart einzig mögliche ist. Sie widerlegt sich aber durch den Rechtssatz selber, welchen sie aus der Stelle eruirt. Wir haben bei *Bréquigny* dipl. II Nr. 424 ein im Jahre 692 gehaltenes, gerade von der Klage aus einem solchen formellen Versprechen handelndes Placitum. Es klagt das Kloster St. Dénis gegen den Abt Ermenoald,

> eo quod — Ermenoaldo abbati ante hus annus *vuaddio* pro olio milli quingentas liberas, et vino bono modios cento pro Anseberctho episcopo ipsi Chaino abba (der Abt des klägerischen Klosters) *ei commendassit*, et taliter ipsi Ermenoaldus *spondedisset* ut hoc ei dare et adinplire debirit, et hoc menime ficisset.

Der Beklagte ist danach für den Bischof Ansebert wegen 1500 Pfund Oel und 100 Maß guten Weins Bürge geworden,

---

[10]) Walter R. G. § 557 Note 4.
[11]) Gesch. des deutsch. Gerichtsverfahrens I, S. 35. 36. 40.

und hat seinem Versprechen durch Empfangen des Wadium, d. h. eben der festuca [12]), aus den Händen des Gläubigers, des Abtes Chaino von St. Dénis, formellen Ausdruck gegeben. Es ist darauf das Urtheil gesprochen,

> ut — Ermenoaldus abba apud tris homenis sua mano quarta — *conjurare debirit, quod ipso vuaddio de mano memorato Chainone abbati numquam adchramissit,* nec hoc ei dare et adinplire spondedisset.

Dieser Urtheilsspruch widerlegt Siegels Ansicht, da dem Abt Ermenoald die eidliche Abläugnung des formellen Versprechens gestattet wird. An eine etwaige Einwirkung römischen Rechts (weil Geistliche processiren), ist hier selbstverständlich nicht zu denken, da diesem der Reinigungseid mit Helfern überhaupt unbekannt ist.

Die richtige Erklärung unserer Stelle scheint mir nur auf Grund der bei Walter angegebenen Varianten möglich. Herold hat: lacina interdicatur, *sed cum sacramento se idoneare*; der codex Metensis: idoneare *studeat*, und endlich der mir vorliegende codex Monacensis:

> De quacumque causa fistuca intercesserit, lacina interdicatur *sed cum sacramento se idoneare studeat.*

Es scheint, daß in dieser Lesart der ursprüngliche Text zu suchen ist. Danach soll der Eid gestattet, und die lacina untersagt werden. Die Erklärung dieser Bestimmung ergiebt sich gerade aus einem in unserer „Gesetzgebung" enthaltenen Satz.

Beruft sich bei einer Immobilienvindication der Besitzer auf Erwerb durch Urkunde, und wird die Urkunde vom Kläger als falsch angegriffen, so muß der Schreiber derselben (cancellarius) mit den Zeugen, welche die Urkunde unterschrieben haben, resp. mit einer gleicher Zahl von Eideshelfern, durch seinen Eid die Aechtheit der Urkunde darthun (Rib. 59, 2. 3). Es erhellt aus

---

[12]) Vgl. *Vaissette*, hist. générale de Languedoc. Bd. 3. Toulouse 1841. Preuves Nr. 164: per *guadium* suum, id est per *festucum de vite.* — Das in unserer Stelle folgende adchramire ist gleichfalls technischer Ausdruck für das per festucam fidem facere. Vgl. Siegel S. 223 Note 8. Walter R. G. §. 564. Zöpfl, die Ewa Chamavorum S. 44 ff.

Rib. 58, 5 [13]), daß auch in diesem Fall wie überhaupt bei jedem Beweisurtheil [14]), die Erbringung des Eides vom Beweispflichtigen, also hier vom Cancellar, durch feierliches Gelöbniß unter Uebergabe der festuca anzugeloben war. Nach Rib. 59, 4 konnte auch nach Ablegung dieses Beweisgelöbnisses der Kläger den Eid des Gegners durch Erbieten zum Zweikampf ausschließen. Die eigenthümliche dabei zu beobachtende Formalität wird folgendermaßen beschrieben:

> Quod si ille, qui causam sequitur, manum cancellarii de altari traxerit, aut ante ostium basilicae manum posuerit [15]), tunc ambo constrigantur, ut se super 14 noctes seu super 40 ante Regem repraesentare studeant pugnaturi.

Um die Ableistung des Eides zu hindern, zieht Kläger dem Cancellar die Hand vom Altar, oder verwehrt ihm an der Kirchenthür den Eingang (mit gezogenem Schwert). Auf dies eigenmächtige „Verlegen des Weges" läßt sich das lacina unserer Stelle, welches unwillkürlich an das bekannte via lacina erinnert, am ungezwungensten beziehen. „Ist einmal das Eidgelöbniß in irgend einem Proceß abgelegt worden (de quacumque causa festuca intercesserit), so soll die lacina untersagt sein, und der Beweispflichtige ohne Einspruch zum Eide gelangen".

Uns interessirt diese Rechtsänderung, weil danach durch einen Titel des dritten Theils ein nach Rib. 57—62 noch in Uebung stehender Rechtssatz ausdrücklich aufgehoben wird.

Noch an einer anderen Stelle scheint der dritte Theil die Bestimmungen in tit. 57—62 als schon erlassen vorauszusetzen. Gleich einem neuen Gesetz tritt in Rib. 59, 7 die Verordnung auf:

> Hoc autem constituimus, ut quicumque in causa victor extiterit, semper judicium conscriptum accipiat aut testes.

---

[13]) — — tabulae in praesentia judicis perforentur, et Archidiaconus in praesente sacramento *fidem faciat*.

[14]) Siegel S. 223.

[15]) Der cod. Monacensis hat die Lesart: *spatam* posuerit. Vgl. Rib. 32, 4: Quod si ipsam strudem contradicere voluerit, et ad januam suam *cum spata tracta* accesserit.

Es bezieht sich hierauf Rib. 66, 1 a. E.

Si autem contradixerint (nämlich die Parthei mit ihren Helfern), *judicium accipiat.*

Der Zusammenhang ergiebt den Sinn: erbringt der Beweispflichtige seinen Beweis[16]) (womit er also in causa victor extiterit) so empfange er die Urkunde über das Urtheil.

Nachdem damit festgestellt ist, daß die Gesetzgebung in Rib. 57—62 später als der zweite, aber früher als der dritte Theil erlassen worden ist, gewinnt die Frage nach der Zeit ihrer Entstehung ein doppeltes Interesse. Ihre Lösung verspricht jetzt, nach zwei Seiten hin weitere Aufschlüsse zu geben.

Es sind die in Rib. 57—62 über die Verhältnisse der Freigelassenen getroffenen Bestimmungen, aus welchen wir vor Allem Material für die Beantwortung unserer Frage zu entnehmen im Stande sind. Wir legen im Folgenden die neuerdings von Roth, Feudalität S. 289 ff. über diesen Punkt veröffentlichten Untersuchungen zu Grunde.

Die Lex Ribuaria erwähnt hauptsächlich vier verschiedene Arten von Freigelassenen, die per denarium Freigelassenen (denariales, denariati), die homines regii, die homines ecclesiastici (oder tabularii) und die homines Romani; daneben wird einmal (Rib. 62) des zum tributarias aut litus Freigelassenen gedacht.

Ueber die denariales sprechen die Quellen deutlich genug, und ist über die Stellung derselben kein Streit[17]). Es sind diejenigen Unfreien, welche dadurch, daß ihnen vor dem König[18]) ein Denar aus der Hand geschlagen wurde, in den Stand der Freien eintraten. Es war dies die beste Form der Freilassung. Sie verlieh die Vollfreiheit, ein Wergeld von 200 sol.

---

[16]) Es scheint, daß contra von dixerint zu trennen ist: Si autem contra dixerint, so daß autem und contra als synonym neben einander stehen: „wenn aber im Gegentheil".

[17]) Vgl. Eichhorn I, §. 51. Walter §. 413.

[18]) Ursprünglich anscheinend vor der Volksversammlung. Die malbergische Glosse zu Sal. 26 wird von Grimm in der Vorrede zur Lex Salica übersetzt: dixisti coram *populo* liberum meum letum (servum). Doch gedenkt der lateinische Text nur des *ante rege* ingenuum dimittere.

(gleich dem des freien Franken) und befreite von jeglicher Abhängigkeit [19]).

Anders bei den übrigen Klassen der Freigelassenen.

Die homines regii, über welche die Ansichten bisher sehr getheilt gewesen sind [20]), sind solche Königssklaven, welche nicht per denarium, sondern auf andere Weise, z. B. durch einen Freibrief [21]), oder auch etwa durch Freilassung in der Kirche [22]) ihre Freiheit gewonnen haben. Sie haben nur das halbe Wergeld eines Vollfreien (100 sol.) und bleiben in persönlicher Abhängigkeit vom König [23]).

Die homines ecclesiastici oder tabularii, (beide Bezeichnungen bedeuten genau dasselbe Verhältniß) [24]) sind die in der Kirche

---

[19]) Roth S. 290. 291. — *Guérard*, Polyptyque de l'abbé Irminon I, p. 374 und v. Maurer, Gesch. der Fronhöfe, I S. 62 nehmen fälschlich an, daß auch für den homo denarialis ein Abhängigkeitsverhältniß (vom König) bestanden habe.

[20]) Nach Walter §. 422 und Gaupp, das alte Gesetz der Thüringer S. 145 sind sie Liten des Königs; Gaupp, Lex Chamav. S. 43 ff. hält sie für die freien Römer, welche sich bei der Eroberung in den Schutz des Königs begaben. Waitz V. G. II, S. 156 Note 4 stellt sie den pueri regis gleich als „Freigelassene, die aber hörig waren." Löbell, Gregor von Tours S. 181 und 182 denkt bei ihnen an die Halbfreien im Königsgefolge. Nach *Guérard*, Polyptyque I, p. 349 sind sie hommes appartenants au fisc, werden aber considérés comme libres; im Folgenden benutzt dieser Schriftsteller die Stellen der Lex Ribuaria über die homines regii als Belege für seine Schilderung der Situation der servi regis. *Pardessus*, Loi Salique p. 531 sieht in ihnen die durch Urkunde oder Testament Freigelassenen, welche die ihnen zugestandene Wahl eines Patrons nicht ausüben, und deshalb in den Schutz des Königs fallen. Nach v. Maurer, Fronhöfe I, S. 39 sind sie die Schutzhörigen des Königs.

[21]) *Rozière* 79. 80 (Marc. I, 39. II, 52)

[22]) So erklärt Roth S. 292 den homo regius tabularius in Rib. 58. 12. Möglich ist indessen, daß das tabularius dieser Stelle nur einer corrumpirten Wiederholung des folgenden tam baronem seinen Ursprung verdankt. Wenigstens ließ der cod. Monacensis einfach: Quod si quis hominem regium tam baronem quam feminam de mundeburdo regis abstulerit.

[23]) Roth S. 291. 292.

[24]) Bisher sind die ecclesiastici häufig von den tabularii unterschieden worden, und jene für Liten der Kirche (Walter §. 422, Gaupp Gesetz der Thür. S. 145) oder für Römer unter dem Schutz der Kirche (Gaupp, Lex. Cham. S. 43 ff.) gehalten worden. Auch v. Maurer, Fronhöfe I, S. 41 statuirt einen Gegensatz zwischen tabularii und ecclesiastici. Die Letzteren sind nach ihm (S. 39) Schutzgehörige der Kirche.

nach Gemäßheit der Constitution Constantins, L. 1 Cod. de his qui in ecclesiis (1, 13), Freigelassenen. Ihren Namen tabularii haben sie von der Form dieser Freilassung,

Rib. 58, 1: in ecclesia coram — cuncto clero et plebe, in manu Episcopi servum *cum tabulis* tradat, et Episcopus Archidiaconum jubeat, ut ei *tabulas* secundum legem Romanam — scribere faciat. Ecclesiastici heißen sie wegen ihrer gleich näher zu besprechenden Abhängigkeit von der Kirche, in welche sie lediglich durch diese Form der Freilassung nach Rib. 58 mit Nothwendigkeit eintreten. Ihr Wergeld beträgt, wie das der homines regii, nur 100 sol.[25]

Ueber die homines Romani ist schon oben das Hauptsächlichste bemerkt. Zu ihnen gehören die nicht in der Kirche, aber nach anderen Formen römischen Rechts, insbesondere durch Urkunden, Testamente Freigelassenen; ein Unterschied zwischen Freilassung zur Latinität und zur Civität wird nicht mehr gemacht; jeder so Manumittirte gilt als civis Romanus[26]. Er hat ein Wergeld von 100 sol., und steht in persönlicher Abhängigkeit von einem dominus.

Von diesen verschiedenen Arten der Freigelassenen nehmen die homines ecclesiastici insbesondere unsere Aufmerksamkeit in Anspruch. Sie werden schon im ersten und zweiten Theil häufig neben den homines regii genannt[27]. Es kann das nicht Wunder nehmen, weil die Freilassung in der Kirche bei der römischen Bevölkerung selbstverständlich in ununterbrochener Uebung blieb[28]. Aber erst in und durch Rib. 58 wird das Verhältniß derselben vollständig, und zwar in höchst eigenthümlicher Weise, entwickelt und ausgebildet. Nach den hier gegebenen Bestimmungen fällt jeder auf die beschriebene Weise in der Kirche Freigelassene (er sei denn ein homo regius tabularius) in Abhängigkeit von der Kirche, in welcher er freigelassen ist. Er hat Dienste zu lei-

---

[25]) Roth S. 292.
[26]) Roth, S. 292. 293.
[27]) So Rib. 9. 10. 11, 3. 14. 18, 3. 19 ff. 35, 3. 53, 2.
[28]) So erwähnt auch bei den Alamannen schon Pact. Alam. II, 48 die Freilassung in ecclesia.

sten[29]), und wird, falls er kinderlos stirbt, von der Kirche beerbt[30]). Die widerrechtliche Entziehung eines homo tabularius wird der Kirche mit 60 sol. gebüßt[31]); wer es zum Proceß kommen läßt, zahlt 100 sol. (außer den gewöhnlichen processualischen Bußen) ad partem ecclesiae[32]). Die Abhängigkeit ist eine so unlösliche, daß der tabularius allein unter allen Freigelassenen und Unfreien von dem Wurf des Denars vor dem König, und damit von dem Eintritt in die volle Freiheit ausgeschlossen ist. Sonst verleiht dieser Act, wenn auch vom Nichteigenthümer veranlaßt, allein durch seine formelle Kraft die Freiheit (Sal. 26); in Bezug auf den tabularius wird er ausdrücklich für wirkungslos und nichtig erklärt[33]).

Am merkwürdigsten ist aber, daß die Abhängigkeit des tabularius von der Kirche, zu der er gehörte, in das öffentliche Recht hinübergriff. Durch Roths Untersuchungen ist festgestellt, daß die merovingische Verfassung gleich den Verfassungen des Alterthums „keine Art von Hoheit neben der obrigkeitlichen" duldete[34]). Es ist noch bestritten, in wie weit die Immunitätsprivilegien hiervon eine Ausnahme machten. Für die homines tabularii aber wird in Rib. 58, 1 ganz bestimmt vorgeschrieben:
et non aliubi nisi ad Ecclesiam, ubi relaxati sunt, mallum teneant.

Um diese Verhältnisse vollkommen zu würdigen, bedarf es eines Blickes auf die Entwickelung der Stellung, welche die Kirche zu den Freigelassenen einnahm[35]).

Die christliche Kirche achtete es von jeher für ihre Pflicht, den personae miserabiles, Wittwen, Waisen und ähnlichen hülf-

---

[29]) Rib. 58, 1: omnem reditum status aut servitium tabularii eorum Ecclesiae reddant.
[30]) Rib. 58, 4. Tabularius autem, qui absque liberis discesserit, nullum alium nisi Ecclesiam relinquat heredem.
[31]) Rib. 58, 2. 13. Vgl. Rib. 35, 3.
[32]) Rib. 58, 5.
[33]) Rib. 58, 1: Et nullus tabularius denarium ante Regem praesumat jactare. Quod si fecerit, ducentis solidis culpabilis judicetur, et nihilominus ipse tabularius et procreatio eius tabularii persistant.
[34]) Mit diesen Worten characterisirt F. Roth, Ueber den bürgerlichen Zustand Galliens vor der Zeit der fränkischen Eroberung, 1827, S. 5 die römische Gesetzgebung.
[35]) Roth, Feud. S. 301. 302.

losen Personen ihren besonderen Schutz angedeihen zu lassen. Ein Ausfluß dieses Princips war es, wenn sie sich auch der Freigelassenen annahm, und insbesondere darüber wachte, daß dieselben nicht etwa widerrechtlich aufs Neue der Sklaverei anheimfielen. Eine besondere Berücksichtigung ließ sie den in der Kirche Freigelassenen, sowie den bei der Freilassung dem Schutz der Kirche Empfohlenen zu Theil werden.

Schon aus der römischen Zeit haben wir eine Reihe von Concilienschlüssen dieses Inhalts,

Concil. Arausicanum I a. 441 c. 7 *(Sirmond,* Concilia antiqua Galliae I, p. 71): In ecclesia manumissos, vel per testamentum ecclesiae commendatos, *si quis in servitutem* vel obsequium, vel ad colonariam conditionem *imprimere tentaverit,* animadversione ecclesiastica coërceatur.

Conc. Arelatense II a. 452 c. 33 *(Sirm.* I, p. 107): Si quis per testamentum manumissum *in servitute* vel obsequio vel in colonaria conditione *impremere tentaverit,* animadversione ecclesiastica coërceatur.

c. 34: Si quis in ecclesia manumissum *crediderit ingrati titulo revocandum,* non aliter liceat, nisi cum gestis apud acta municipum reum esse ante probaverit.

Es ist klar, daß hiebei von irgend einer Schutzgewalt über den Freigelassenen gar keine Rede ist. Auf demselben Standpunkt steht ein spanisches Concil,

Conc. Agathense a. 506. c. 29 *(Sirm.* I, p. 167): Libertos legitime a dominis suis factos, ecclesia, si necessitas exegerit, tuceatur, quos si quis ante audientiam *aut pervadere aut exspoliare* praesumpserit, ab ecclesia repellatur.

Auch im fränkischen Reich beschränkte sich die Kirche noch um die Mitte des 6. Jahrhunderts darauf, den in der Kirche Freigelassenen ihren Schutz gegen unrechtmäßige Gewalt zu versprechen,

Concil. Aurelianense V a. 549 c. 7 *(Sirm.* I, p. 279): Et quia plurimorum suggestione comperimus, eos qui in ecclesiis juxta patrioticam consuetudinem a servitio fuerint absoluti, pro libito quorumcumque *iterum ad servitium revocari*; impium esse tractavimus ut quod in ecclesia Dei consideratione a vinculo servitutis absolvitur, irritum habeatur. Ideo pietatis causa communi consilio placuit observandum ut quaecumque mancipia ab ingenuis dominis servitute laxantur, *in ea libertate maneant*, quam tunc a dominis perceperunt. Hujus modi quoque libertas, si a quocumque pulsati fuerit, *cum justitia ab ecclesiis defendatur, praeter eas culpas, pro quibus leges collatas servis revocare jusserunt libertates.*

Namentlich der letzte Satz zeigt, daß die defensio ecclesiae auch hier vornämlich als die Vertheidigung gegen unrechtmäßige Angriffe auf die Freiheit der Freigelassenen gedacht ist. Die Kirche will verhüten, daß den Freigelassenen aus ihrer schutzlosen Stellung ein Nachtheil erwachse.

Ganz anders reden Ende des 6. Jahrhunderts die Bischöfe Prätextatus und Pappolus auf dem Concil zu Macon,

Concil. Matisconense II a. 585 *(Sirm.* I, p. 384):
— Praetextatus et Pappulus viri beatissimi dixerunt: Decernat itaque et de miseris libertis vestrae auctoritatis vigor insignis, qui ideo plus a judicibus affliguntur, quia sacris sunt commendati ecclesiis: ut si quas quispiam dixerit *contra eos actiones* habere, *non audeat eos magistratui contradere*; sed *in episcopi tantum judicio*, in cujus praesentia litem contestans, *quae sunt justitiae ac veritatis audiat*. Indignum est enim ut hi, qui in sacrosancta ecclesia jure noscuntur legitimo manumissi, aut per epistolam, aut per testamentum, aut per longinquitatem temporis libertatis jure fruuntur, a quolibet injustissime inquietentur.

Der Antrag ward angenommen,
Universa sacerdotalis congregatio dixit: Justum est, ut contra calumniatorum omnium versutias defendantur, qui patrocinium immortalis ecclesiae concupiscunt. — si placuerit episcopo, ordinarium judicem aut quemlibet alium saecularem in audientiam eorum accersiri, cum libuerit, fiat, et *nullus alius audeat causas pertractare libertorum, nisi episcopus,*

cujus interest, aut is, cui idem audiendum tradiderit.

Es ist dasselbe Concil, in welchem c. 12 die geistliche Gerichtsbarkeit in Sachen der Wittwen und Waisen in Anspruch genommen wird.

Hier ist die Kirche aus ihrer abwehrenden Stellung herausgetreten; sie nimmt positiv das Recht in Anspruch, in Sachen der Freigelassenen selber zu Gericht zu sitzen.

Drei Jahrzehnte später ward von der Kirche noch einmal nach derselben Richtung ein Angriff gemacht. Das allgemeine fränkische Concil zu Paris i. J. 615 *(Sirm.* I, p. 470 sqq.) beschloß

c. 5: Liberti quorumcumque ingenuorum a sacerdotibus *defendantur, nec ad publicum ulterius revocentur.* Quod si quis ausu temerario eos impremere voluerit, aut ad publicum revocare, et admonitus per pontificem ad audientiam venire neglexerit, aut emendare, quod perpetravit, distulerit, communione privetur.

Seitdem scheint die Sache geruht zu haben. Es kam die Zeit des Verfalls der kirchlichen Einrichtungen im fränkischen Reich. Nach dem angeführten fränkischen Concil bis zu den Zeiten des heil. Bonifacius haben wir nur von neun Kirchenversammlungen Kunde, die letzte in Neuster ums Jahr 685 [36]); in Auster muß nach der bekannten Aeußerung des Bonifacius die letzte Synode schon um 660 gehalten sein [37]). In keinem der uns von diesen Concilien überkommenen Actenstücke geschieht der Verhältnisse der Freigelassenen weiter Erwähnung [38]).

Die Gesetzgebung der Merovinger zeigt, daß jene Bemühungen der Kirche nicht ohne Erfolg geblieben sind.

---

[36]) *Sirmond,* I p. 510. Wenigstens zum Theil erhalten sind uns von diesen neun Concilien vier, das Concilium Remense a. 630 *(Sirm.* I, p. 479; *Bréquigny* I, Nr. 236 a. 625); Cabilonense a. 650 *(Sirm.* I, p. 489; *Breq.* II, Nr. 307 a. 644); Burdigalense a. 662 *(Breq.* II, Nr. 383); Augustodunense a. 670 *(Sirm.* I, p. 506; *Brég.* II, Nr. 383 a. 676).
[37]) Roth. Feud. S. 101. 102.
[38]) Das Concil. Remense a. 630 (625) bestätigt nur ganz im Allgemeinen (c. 3. 24) die Schlüsse jenes Pariser Concils.

Wie von der Kirche zu zwei Malen die Gerichtsbarkeit über die Freigelassenen mit besonderem Nachdruck in Anspruch genommen worden ist, so hat sich auch die weltliche Gewalt zwei Mal gesetzgeberisch über diese Verhältnisse geäußert.

Das eine königliche Gesetz steht notorisch mit den Beschlüssen des letzterwähnten Pariser Concils in Zusammenhang. Es ist das Gesetz Chlothars II bei *Pertz* Legg. I, p. 14. 15. Hier findet sich in c. 7 die folgende Bestimmung über die Verhältnisse der Freigelassenen, welche schon durch ihren Wortlaut an das cit. c. 5 des Pariser Concils erinnert:

> Libertos cujuscumque ingenuorum a sacerdotibus *juxta textus chartarum* ingenuitatis suae *defensandos, nec absque praesentia episcopi* aut praepositi ecclesiae esse *judicandos*, vel ad publicum revocandos.

Der Beschluß der Kirche wird hier zu einem Theil vom König sanctionirt: die geistliche Schutzgewalt wird in Betreff derjenigen Freigelassenen anerkannt, welche durch ihre Freilassungs= urkunde der *defensio* der Kirche zugewiesen sind; der Bischof oder dessen Vertreter hat ein Recht, mit dem öffentlichen Richter in Gemeinschaft über Freigelassene solcher Art zu Gericht zu sitzen; von einer vollständigen Uebertragung der Gerichtsbarkeit ist keine Rede.

Das zweite Gesetz ist eben unser Titel 58 der Lex Ribuaria, dessen Inhalt schon oben dargelegt ist. Hier wird gleichfalls der Kirche Schutzrecht und außerdem wirkliche Gerichtsbarkeit zugestanden, aber nur über die tabularii, d. h. über die in der Kirche nach römischem Recht Freigelassenen[39]). Art und Begränzung des Zugeständnisses ist hier verschieden von der Constitution Chlothars II.

Gerade aus diesem Grunde steht nicht anzunehmen, daß unser Titel 58 gleichfalls von Chlothar II erlassen worden sei.

---

[39]) Bei den chamavischen Franken gab es eine Freilassung in der Kirche nach deutschem Recht, per hantradam. Hier fiel der Freigelassene nicht in Abhängigkeit von der Kirche Lex Cham. 11: Qui per hantradam hominem ingenuum dimittere voluerit, *in loco qui dicitur sanctum* (vgl. Böpfi, Ewa S. 5 ff.) sua manu duodecima eum dimittere faciat. 12: Qui — per hantradam ingenuus est, *et se ille foris de eo miserit,* tunc ille leodis in *dominicum* veniat —.

Es hat die Vermuthung gegen sich, daß derselbe König einmal für sein ganzes Reich⁴⁰) die eine, dann speciell für Auster die andere, abweichende Bestimmung gegeben habe. Es ist nachgewiesen⁴¹), daß das Recht von Rib. 58 in den anderen Theilen des Frankenreichs keine Anwendung fand.

Dagegen spricht eine Reihe von Umständen dafür, daß die Gesetzgebung in Rib. 57—62 einem austrasischen König vor Chlothar II, und zwar Childebert II (reg. 575—596)⁴²) ihren Ursprung verdanken. Es scheint, daß Rib. 58 mit den Schlüssen der Synode von Macon im Zusammenhang steht, wie das Gesetz Chlothars II mit den Anträgen des Pariser Concils⁴³).

Es geht dies besonders aus den Bestimmungen hervor, welche in Rib. 58 über den Umfang der geistlichen Gerichtsbarkeit getroffen werden⁴⁴). Keineswegs nämlich ist hier der tabularius in allen Rechtssachen, an denen er als Kläger, oder auch nur als Beklagter betheiligt ist, unbedingt dem bischöflichen Gericht unterworfen. Die Competenz des Letzteren ist vielmehr ähnlich wie die Competenz des Gerichts begränzt, welches der Herr über seine Hörigen und Knechte zu halten berechtigt ist. In beiden Fällen entspringt die Gerichtsgewalt der privatrechtlichen Macht über die Person des Gerichtsunterthanen; in beiden Fällen hört mit dem Bereich der privatrechtlichen auch die gerichtsherrliche Befugniß auf. Der Herr sitzt nur zu Gericht,

---

⁴⁰) Seit 613 war Chlothar II alleiniger König der Franken.

⁴¹) Von Roth, Feud. S. 296, auf Grund der Formeln Roz. 64 (Bal. 5) aus Clermont und Roz. 65 (Sirm. 12) aus Tours, wo bei Freilassungen in der Kirche dem Freigelassenen die Wahl des Schutzherrn überlassen ist.

⁴²) Möglicher Weise auch dem Sohn desselben, Theodebert II, reg. 596—613.

⁴³) Natürlich ist der Zusammenhang kein so unmittelbarer, weil das Concil. Matisc. II a. 585 ein burgundisches Concil ist; dennoch spricht sich in den hier gefaßten Beschlüssen die Richtung aus, welche damals in der gesammten fränkischen Geistlichkeit herrschte. Dreißig Jahre später äußerten sich, wie gezeigt, die aus allen Theilen des Frankenreichs zusammengetretenen Kirchenhäupter ganz in demselben Sinne. — Es mag bemerkt werden, daß Childebert II Anfang des Jahres 585 gerade mit seinen Großen in Burgund anwesend war (Gregor. Tur. VII, 33), und darauf Ende desselben Jahres, während die Synode von Macon versammelt war, im Ardennerwald auf dem Königshof Belsou einen Reichsrath abhielt (Greg. VIII, 21).

⁴⁴) Roth, Feud. S. 301. 302.

sobald Kläger und Beklagter beide zu seinen Knechten gehören; ebenso der Bischof nach Rib. 58 über seine tabularii. Nimmt ein Dritter den tabularius als seinen Sklaven in Anspruch, so kommt der Prozeß nicht an das bischöfliche, sondern an das Volksgericht,

> Rib. 58, 5: Zuerst sollen die Zeugen über die Freilassung ante *Episcopum* vel Regem producirt werden. Will der Gegner sich hiebei nicht beruhigen [45]), tunc *tabulae* in praesentia *judicis* perforentur.

Ganz dasselbe ist der Fall, wenn ein homo tabularius von einem Dritten belangt wird, weil er einen Sklaven des Klägers besitze, der unrechter Weise zum tabularius freigelassen sei, Rib. 58, 8; überhaupt wenn ein freier Ribuarier oder ein homo regius gegen einen tabularius klagend auftritt, Rib. 58, 19. 21. 66, 2. In den angeführten Stellen beweisen die vorgeschriebenen Fristen durch ihre Uebereinstimmung mit den im Volksgericht beobachteten, resp. die erwähnten dem Volksgericht eigenthümlichen Formen der Rechtsverfolgung, wie das tangano, und die alsaccia [46]), daß der Rechtsstreit vor diesem, und nicht im bischöflichen Patrimonialgericht zum Austrag kommt.

Diesen Bestimmungen gegenüber zeigt die Constitution Chlothars II eine weiter fortgeschrittene Entwickelung der geistlichen Gerichtsbarkeit. Nach diesem Gesetz nimmt die kirchliche Gewalt an der gerichtlichen Verhandlung Theil, auch wenn eine Parthei ihrer Privatgewalt nicht unterworfen ist,

> c. 5: Quod si causa inter personam publicam et homines ecclesiae steterit, *pariter* ab utraque parte *praepositi ecclesiarum et judex publicus* in audientia publica positi ea *debeant judicare*.

Ebenso deutet auf eine Ausdehnung der bischöflichen Competenz der Satz in

> c. 19: *Episcopi* vero — *judices* vel missos discussores de aliis provinciis non *instituant*, *nisi de loco qui justitiam* percipiant et *aliis reddant*.

Dieses justitiam aliis reddere bedeutet, wie eine Vergleichung ähnlicher in Immunitätsprivilegien vorkommender Wen-

---

[45]) Erst dann beginnt der eigentliche Prozeß. Vgl. z. B. das Placitum bei *Bouquet* V, p. 703.
[46]) Vgl. Siegel I, S. 121. 131 ff.

dungen ergiebt⁴⁷), daß die judices des Bischofs bei Klagen Dritter gegen homines ecclesiae richten, „Recht geben" sollen. Gerade deshalb wird in diesem c. 19 im öffentlichen Interesse für die judices Episcopi dieselbe Bestimmung erlassen, welche c. 12 für die judices publici gegeben ist.

Unsere „Gesetzgebung", der geistlichen Gerichtsbarkeit eine engere Gränze setzend, ist demnach in eine frühere Zeit zu setzen.

Wir werden ferner auf Chilbebert II durch die in Rib. 58, 19. 20. 59, 8 über das tangano und das ante altare verba commemorare gegebenen Rechtssätze hingeführt.

Es ist oben S. 417 gezeigt, daß schon zur Zeit des zweiten Theils das tangano des Probanten gegen die Zeugen, des Klägers gegen die Rachimburgen in Abgang gekommen war. Das tangano, welches der Kläger anwendet, um den Beklagten zur Einlassung zu zwingen, kann sich gleichfalls nicht viel länger erhalten haben, da es in keiner einzigen Proceßformel oder Urkunde mehr vorkommt. Im ersten Theil (Rib. 30, 1) wird desselben noch gedacht, wenn auch nur um es auszuschließen; ebenso auch noch in den angeführten Stellen unserer titt. 57—62. Daß gerade zu Chilberts II Zeit solche alterthümliche, aus der Zeit des Heidenthums herstammende processualische Gebräuche noch in Uebung waren, zeigt die wenn auch noch unerklärte Stelle seines i. J. 596 erlassenen Gesetzes *(Pertz,* Legg. I, p. 9. 10),

    c. 6: De farfaliis ita convenit, ut quicumque in mallo praesumpserit farfalium minare, procul dubio, Widrigildum componat, nichilominus farfalius reprimatur. Et forsitan ut adsolet, judex consenserit et fortasse adquiescit, istum farfalium custodire vitae periculum per omnia sustineat.

In den späteren Theilen der Lex Ribuaria ist vom tangano und ähnlichen Acten keine Rede mehr.

Die übrigen Bestimmungen der titt. 57—62 geben zu einer bestimmten Datirung keinen Anlaß. Namentlich soweit sie den Eigenthumserwerb an Immobilien und den Eigenthumsbeweis

---

⁴⁷) S. z. B. die Stellen bei Waitz V. G. IV, S. 379 Note 2.

bei der Immobilienvindication betreffen, stehen sie vollkommen mit dem späteren ribuarischen wie salischen Recht in Einklang. Zur Tradition von Immobilien genügt ein außergerichtlicher Act vor Zeugen (Rib. 60); wird eine Urkunde über das Rechtsgeschäft aufgenommen, so kann dieselbe im Gericht aufgesetzt werden (Rib. 59, 1)[48]. Der Beweis des Titels wird im Proceß durch Urkunde, Zeugen oder Eideshelfer erbracht. (Rib. 59. 60). Nur das mag hervorgehoben werden, daß die Ausführlichkeit, mit welcher in Rib. 57—59 durchweg der Urkundenbeweis behandelt wird, für eine Zeit Zeugniß ablegt, wo diese, dem deutschen Rechte ursprünglich fremde Art des Beweises noch als nicht recht geläufig, als eine noch nicht lange in Uebung stehende und darum der gesetzlichen Nachhülfe bedürftige Procedur erschien.

Es bestätigt dies unsere Ansicht, daß die Gesetzgebung in Rib. 57—62 Ende des 6. Jahrhunderts, unter Childebert II, erlassen worden ist.

Wir gewinnen dadurch zugleich den gesuchten Anhaltspunkt für die Entstehungszeit des zweiten Theils. Da das in diesem enthaltene Recht sich dem des ersten Theils gegenüber deutlich als das jüngere kennzeichnet, werden wir denselben für gleichfalls dem Ende des 6. Jahrhunderts angehörig halten. Er scheint nicht lange Zeit vor jener Gesetzgebung entstanden zu sein[49].

---

§. 5.
Der dritte Theil.
(Rib. 65—79).

Der dritte Theil der Lex Ribuaria ist besonders wichtig durch seine Bestimmungen über das öffentliche Recht. Wie der

---

[48] Daß die Gerichtlichkeit nicht nothwendig war, geht aus der Menge späterer außergerichtlicher Traditionsurkunden hervor. — Ueber diesen Gegenstand vgl. namentlich Beseler, Lehre von den Erbverlr. I, S. 38 ff. Sandhaas, Germanist. Abhandlungen S. 22 ff.

[49] Dafür, daß die Titel de aroene und de testam. regum schon früh durch die eingeschobenen titt. 57—62 verdrängt wurden, spricht auch das, freilich jetzt noch mit Vorsicht zu benutzende, Argument, daß jene Titel, soviel wir sehen können, in keiner Handschrift der Lex Rib. sich erhalten haben.

zweite Theil mit dem Titel de mannire, so hebt der dritte mit dem: Si quis — *bannitus* fuerit, an. Wir finden in Rib. 65 für die positiven, in Rib. 69 für die negativen Pflichten der Unterthanen des fränkischen Reichs den leitenden Grundsatz ausgesprochen.

Gerade in Bezug auf das öffentliche Recht jener Zeit sind die früheren Ansichten jetzt wesentlich berichtigt worden [1]. Es kann keine Rede mehr davon sein, daß erst unter Karl Martell und Pipin aus der mannitio zum Kriegszug sich auf Grund einer marculfischen Formel die bannitio, der Heerbann, entwickelt habe [2]. Ebenso wenig wird Jemand noch behaupten, daß die Todesstrafe für Infidelität in Rib. 69, 1 auf römisches Recht zurückzuführen sei [3].

Rib. 65 handelt vom Königsbann, dessen wichtigste Art, der Heerbann, besonders hervorgehoben wird. Bereits im 6. Jahrhundert ist dies königliche Bannrecht nach gleichzeitigen geschichtlichen Zeugnissen vollkommen entwickelt. Der älteren Ansicht, daß ursprünglich nur das königliche Dienstgefolge kriegspflichtig gewesen sei, ist schon Waitz [4] entgegengetreten. Er beschränkt die Heerbannspflicht aber in anderer Weise: nur der Besitzer von Grundeigenthum sei derselben unterworfen gewesen. Wir wollen vor Allem sehen, wie Rib. 65 sich zu dieser Frage verhält.

Zunächst ist hervorzuheben [5], daß nach Rib. 65, 2. 3 die Freigelassenen in gleicher Weise wie die Freien dem königlichen Bannrecht unterliegen. Freigelassene haben aber keinen freien, sondern nur abhängigen Grundbesitz [6]. Sie stehen den Liten

---

[1] Die hier maßgebenden Werke von Waitz und Roth weichen in Hauptpunkten von einander ab. Die folgende Darstellung, bei welcher selbstverständlich von einer vollständigen Untersuchung der Frage abgesehen werden muß, schließt sich an die von Roth gegebenen Untersuchungen an.
[2] So z. B. Eichhorn R. G. I, S. 499.
[3] So Gengler R. G. §. 25 Note 59. Zöpfl R. G. §. 5 Note 12.
[4] B. G. II, S. 472.
[5] Vgl. Roth, Beneficialwesen S. 185. 186.
[6] Roth, Feudalität S. 299. 300: die freie Verfügung über ihr peculiare kommt den Freigelassenen nur in Folge besonderer Bestimmung im Freibrief zu. Vgl. ebendas. S. 312.

gleich, sind persönlich frei, aber an Person und Vermögen einer Schutzgewalt des dominus, patronus unterworfen [7]).

Es kommt hinzu, daß nach Rib. 65 für Nichtachtung des Königsbanns von Freien 60 sol, von den Freigelassenen 30 sol. verbüßt werden. Rib. 73 enthält eine Anwendung dieses Rechtssatzes: jeder Freie (Si quis *ingenuus* Ripuarius) soll bei 60 sol. Strafe zur Aufbewahrung eines gefangenen Uebelthäters angehalten werden können. Da der Freiheitsstand über die Höhe der Buße entscheidet, so scheint der Geburtsstand, die Freiheit als solche für das verpflichtende Moment gehalten werden zu müssen.

Derselbe Grundsatz erhellt für die spätere Zeit besonders deutlich aus einem von Roth Feudalität S. 327 herangezogenen Capitular Karls des Kahlen [8]). Nach diesem Gesetz stehen Heerbannspflicht und Verpflichtung zur Landwehr im Princip einander gleich: Hier wie dort erscheinen alle Unterthanen als verpflichtet, nur daß es dort Excusationsgründe von bestimmter Wirkung, hier keinerlei Entschuldigung giebt. Der Gesetzgeber beruft sich auf eine antiqua consuetudo. Er will also keine Neuerung; die Lex Ribuaria legt in unserem dritten Theil von dieser „altherkömmlichen" allgemeinen Unterthanenpflicht Zeugniß ab.

Mit noch größerer Bestimmtheit wissen wir aus den Schriften Gregors von Tours, daß der in Rib. 69 für die Infidelität ausgesprochene Grundsatz schon zur Zeit jenes Schriftstellers, also Ende des 6. Jahrhunderts, vollkommen ausgebildet und (durch die häufige Anwendung) einer reichen Entwickelung theilhaftig geworden war [9]).

Als Infidelität ward behandelt und mit der Todesstrafe belegt der Angriff auf das Leben des Königs, Beleidigung des Königs und seiner Familie, Landesverrath, Aufruhr, Abfall, und selbst die Auswanderung von einem fränkischen Reich in das andere. Ein Zeugniß bei Gregor deutet darauf hin, daß schon zu Zeiten Chlodwigs der Tod

---

[7]) Nach Sal. 26 sind bei unrechtmäßiger Freilassung eines Liten die res leti ipsius dem früheren dominus desselben zu ersetzen.
[8]) Cap. 864 c. 27 (*Pertz* I, p. 495).
[9]) Roth, Benef. S. 127 ff.

die Strafe für Infidelität war [10]). Selbst in der Lex Salica fehlen die Anhaltspunkte für diesen Rechtssatz nicht. Hier wird Sal. 18 der, welcher einen Unschuldigen in dessen Abwesenheit beim König verläumbet [11]), mit der Strafe von 62½ sol. bedroht. Die Strafe ist die nämliche, welche sonst auf einem Mordversuch steht (z. B. Sal. 19, 2). Nach einer anderen Stelle (Sal. 14, 4) [12]) wird die Auflehnung gegen einen königlichen Befehl ganz ausdrücklich mit der Strafe des eigenen Wergeldes belegt. Es ist das Princip das nämliche, demzufolge es z. B. in Rib. 60, 6 heißt:

Quod si testamentum Regis absque contrario testamento falsum clamaverit, non aliunde nisi *de vita componat*.

Gleich den Grundsätzen über die positiven Unterthanenpflichten haben sich auch die über Infidelität in wesentlich unveränderter Weise unter den Karolingern erhalten. Es ergiebt sich das Resultat, daß die Principien von Rib. 65. 69 während der ganzen Dauer des fränkischen Reichs, vom 6. bis zum 10. Jahrhundert, die herrschenden gewesen sind, daß also aus dem öffentlich-rechtlichen Inhalt dieser Titel ein Argument für frühere oder spätere Entstehung derselben nicht zu entnehmen ist. Nach unserer im Verlauf dieses Paragraphen zu entwickelnden Ansicht ist der dritte Theil der Lex Ribuaria etwa im Anfang des 7. Jahrhunderts entstanden. In Rib. 65. 69 findet sich demnach die Verzeichnung des schon im voraufgehenden Jahrhundert gültig gewesenen fränkischen Staatsrechts [13]).

Seinem übrigen Inhalt nach steht der dritte Theil zum ersten und zweiten in einem ähnlichen Verhältniß, wie Liber II der Lex Alamannorum Illothariana zum Liber I. Während der erste und zweite Theil beide in ihrer besonderen Weise ein bestimmtes Thema erschöpfen, finden wir hier eine Reihe lose an-

---

[10]) Roth, Benef. S. 130. Chlodwig sagt zu den Unterthanen Rachnachars, daß sie durch den Verrath an ihrem König einen martervollen Tod verdient hätten. Gregor. Hist. Franc. II, 42.

[11]) Vgl. oben S. 414 Note 29.

[12]) Vgl. Waitz Gal. R. S. 210.

[13]) Schon Roth, Beneficialwesen S. 17 hat die Entstehung von Rib. 65 in den Anfang des 7. Jahrhunderts gesetzt.

einandergefügter, unter sich nicht zusammenhängender Bestimmungen, deren Zweck zum Theil offensichtlich Abänderung und Ergänzung der früheren Theile ist. In einem solchen Verhältniß steht Rib. 68 de osse super viam sonante zu Rib. 3 de osse fracto. Unter Beibehaltung des im ersten Theil beobachteten Compositionsystems werden mehrere Fälle des os fractum unterschieden und mit höherer oder geringerer Buße belegt. Es ist schon hervorgehoben (S. 429 ff.), daß Rib. 71 de festuca intercurrente ein abänderndes Gesetz zu Rib. 59, 4 enthält. Rib. 72 de homine intertiato vel pecore mortuo hat die Absicht, Rib. 33 de intertiare zu ergänzen. Ebenso steht Rib. 73 de homine ligato zu Rib. 41 de ligaminibus ingenuorum, und Rib. 76 de materiamine vel lignis furatis zu Rib. 42 de venationibus [14]). Es zeigt sich, daß auch in der Reihenfolge dieser hinzugefügten Titel eine Anlehnung an die Reihenfolge des ersten und zweiten Theils hervortritt.

Zu näherer Betrachtung giebt zunächst Anlaß Rib. 69, 2, die Strafe des Incestes und des Parricidiums enthaltend. Für beide Fälle hat die Entwickelung des deutschen Rechts sich an das canonische angeschlossen, welches seinerseits wieder aus dem römischen geschöpft hat [15]). Es tritt für beide Fälle keine Geldbuße, sondern öffentliche Strafe ein.

Rib. 69, 2: Si autem quis proximum sanguinis interfecerit vel incestum commiserit, exilium sustineat et omnes res ejus fisco censeantur.

Die Bestimmung über den Verwandtenmord steht mit den sonstigen Zeugnissen merovingischer Zeit in Einklang; nicht so die über den Incest.

Childebert II hat i. J. 596 speciell für Auster, Chlothar II i. J. 615 (nach Pertz 614) für das ganze fränkische Reich ein Gesetz über den Incest gegeben [16]). Auch hier findet sich die Strafe

---

[14]) Vgl. Rib. 42, 1 a. E.: Quia non est haec res possessa, sed de venationibus agitur. mit Rib. 76 a. E.: quia non res possessa est, sed de ligno agitur. — Eine Interpretation dieser Stellen giebt *Budde*, de vindicatione rerum mobilium germanica, §. 3. Köstlin, Krit. Ueberschau III, 155 ff.

[15]) Vgl Merkel in seinen Noten zu Alam Hloth. 39. 40.

[16]) Const. Childeberti a. 596 c. 2 (*Pertz* I, p. 9). Const. Cloth. a. 614 c. 18 (*Pertz* I, p 15). Die letzte Stelle handelt nur von der Ehe mit

des Exils, aber daneben nicht Güterconfiscation, wie nach Rib. cit., sondern Verlust des Vermögens an die Verwandten; der verbannte Verbrecher soll bei Lebzeiten beerbt werden, gleich einem Verstorbenen. Die fortdauernde Geltung dieses Rechtssatzes wird speciell für Auster durch c. 8 des Concil. Remense (Sirm. I, p. 481) bezeugt [17]). Die citirte Stelle ist sichtlich unter Bezugnahme auf Childebert II Gesetz abgefaßt, und verordnet ebenso wie dies:

et res eorum ad proprios parentes perveniant.

Es ist nicht recht deutlich, wie die abweichende Bestimmung in Rib. cit. sich zu diesen Gesetzen verhält. Auch aus einer späteren Entwickelung ließe sich der Widerspruch nicht erklären, da in den Gesetzen der Karolinger über den Incest ebensowenig wie in jenen der Merovinger von einer Güterconfiscation die Rede ist. Der Widerspruch ist um so auffallender, weil in Rib. 79 de homine penduto et ejus hereditate der neuere [19]), mittlere Grundsatz, daß mit der Todesstrafe (welcher die Verbannung gleichsteht) die Güterconfiscation nicht mehr verbunden sein soll, schon zum Durchbruch gelangt ist, omnes res ejus heredes possideant [20]). Es scheint, daß die Praxis eine Zeit lang schwankend war [21]), und aus diesem Grunde der dritte Theil der Lex Ribuaria beide Principien neben einander aufweist.

Es ist bemerkenswerth, daß der dritte Theil auch sonst sich durch alterthümlichen Inhalt auszeichnet. Dahin zählt der Eid cum dextera armata in Rib. 66, 1; der Eid cum duodecim ad stappu-

---

einer Nonne, doch steht dieser Fall rechtlich dem Incest gleich. Das eigentlich vom Incest handelnde Gesetz in c. 14. 15 ist uns verloren gegangen (Merkel a. a. O.)

[17]) Das Concil ward noch bei Lebzeiten Chlothars II, etwa 625, also allein für Auster, gehalten, nicht im Jahre 630, wie Sirmond u. A. annehmen. Vgl. Pardessus in Bréq. dipl. I, p 221 Note 3.

[18]) Vgl. Cap. 802 c. 38 (Pertz I, p. 96). C. 803. c. 14. (Pertz I, p. 121). An letzter Stelle heißt es nur: hereditatem amittat; ebenso wie in merovingischer Zeit Alam. Hloth. 39, 2, während die Lex Lantfridana 38 hinzufügt: omnes facultates ammitat, quas fiscus adquirat.

[19]) Vgl. Wilda, Strafrecht der Germanen S. 519 ff.

[20]) Nach der oben S. 393 Note 23 gemachten Bemerkung könnte Rib. 79 allerdings auch erst dem vierten Theile angehören.

[21]) Noch in dem Cap. a. 809 c. 1 (Pertz I, p. 155) findet sich wieder die Einziehung des Vermögens als Folge der Todesstrafe erwähnt.

lum Regis in circulo et in hasla, hoc est in ramo, Rib. 67, 5[22]); die Pflicht das Wergeld zu zahlen, falls man ein lignum seu aliquod manufactile in Besitz nimmt, durch welches vorher ein Anderer ums Leben gekommen ist, Rib. 70, 1 u. f. w. Von hervorragender Bedeutung ist die gleichfalls alterthümliche Formstrenge, welche in den Bestimmungen unseres dritten Theils über Ableistung eines Eides hervortritt. Der Eid muß genau der gelehrten Formel entsprechen; es wird an mehreren Stellen hervorgehoben, daß ein bloßer Formfehler nicht allein eine processualische Buße, sondern Verlust der Sache nach sich zieht[23]). Der älteren Anschauung entspricht ferner, daß gerade wie im zweiten Theil[24]), das Königsgericht auch hier als überall unmittelbar gegenwärtig und in seiner Jurisdiction mit dem Volksgericht vollständig concurrirend gedacht wird[25]). Die spätere Zeit hat hier zwar nicht am Princip, aber an der Uebung geändert[26]).

Zwei andere Bestimmungen können wir gleichfalls in der Kürze als Ausflüsse des ältesten Proceßrechts nachweisen.

Erschien bei der Mobilienvindication[27]) der Besitzer im Beweistermin mit seinen Auctoren, so mußte die vindicirte Sache von ihm an seinen Auctor, von diesem wieder an den seinigen u. f. f. herumgereicht werden, damit jeder einzelne seine Auctorschaft zu dieser Sache bekenne, und der Letzte (der ohne Auctor besaß) sie gegen den Kläger vertheidige. Ganz durch Zufall konnte dem Beklagten die Herbeibringung der Sache zum Gerichtstermin, und damit die Stellung des Auctors unmöglich werden, z. B. der Sklave floh, das Thier ward ihm gestohlen. Er konnte dann nicht erfüllen, was er vorher dem Kläger versprochen. Sein Beweisgelöbniß (welches er dem Anefang gegen-

---

[21]) Die neueste Erklärung bei Siegel, Gerichtsverfahren I, S. 225—227.
[22]) Rib. 66, 1. 67, 5. 68, 3. Vgl. Siegel S. 226. 227.
[24]) Rib. 32, 4: se ante Regem repraesentet. 33, 1: ad regis stapplum; vel ad eum locum ubi mallus est. 58, 18: a Rege seu a comite. 59, 4: ante Regem — pugnaturi.
[25]) Rib. 67, 5: cum sex in Ecclesia conjuret et cum duodecim ad stappulum Regis — cum armis suis se defensare studeat ante Regem. Rib. 75: ad Regis stapplum ducat.
[26]) Waitz D. G. IV. S. 401 ff.
[27]) Vgl. Siegel I, S. 252 ff.

über abgelegt) hatte für ihn aber genau dieselbe Kraft, wie das Beweisurtheil im gewöhnlichen Proceß. Es gab nach altem, strengem Recht nur ein Entweder — Oder: das Beweisgelöbniß ward erfüllt, dann hatte Beklagter gewonnen; oder es ward nicht erfüllt, dann hatte er unter allen Umständen verloren. Rib. 72, 2. 8 wird diese Consequenz gezogen sowohl für den Fall: Si autem ei fuga lapsus fuerit (der vindicirte Sklave), wie für den andern: Quod si furto ablatum fuerit (das vindicirte Thier). Der Beklagte verliert die Sache und zahlt außerdem auch die Diebstahlsstrafe. Karl d. Gr. hat in seinem zur Lex Ribuaria erlassenen Capitular diese Strenge des alten Rechts ausdrücklich aufgehoben.

In Rib. 77 de homine furbattudo wird das Verfahren geschildert, welches nach Ausübung eines Tödtungsrechtes (gegen den handhaften Dieb, den ergriffenen Ehebrecher) von dem Mörder einzuhalten ist, damit seine That nicht als eine heimliche strafbar werde [28]). Das Verfahren hat große Aehnlichkeit mit der schon Sal. 73 für einen anderen Fall (aber gleichfalls zum Zweck der Veröffentlichung eines Mordes) vorgeschriebenen Procedur. Dem Recht von Rib. cit. entspricht die Formel *Roz.* 492 (App. Marc. 29), während eine andere Formel, *Roz.* 491 (Sirm. 30. 31), die Abweichung späteren Rechts bekundet.

Von Einzelheiten ist zu bemerken die in Rib. 65, 3 erwähnte emunitas Regis: dieselbe befreit ihrem Inhalt gemäß, wie von den öffentlichen Lasten überhaupt [29]), so nach Rib. cit. auch von der Pflicht, einen königlichen Gesandten zu beherbergen. Die Bestimmung giebt nicht Anlaß, an eine besonders späte Zeit zu denken. Chlothar I erwähnt in seiner Constitution c. 11 (*Pertz* 1, p. 3) die schon von seinem Großvater (dem Heiden Childerich) den Kirchen verliehenen Immunitäten [30]). Es ist bekannt, daß Immunitätsverleihungen für geistliche Stiftungen im 6. und 7. Jahrhundert ganz gewöhnlich vorkommen.

In Rib. 67, 2 ist von der Fristerstreckung für denjenigen die Rede, der post fidem factum sacramenti in hostem ban-

---

[28]) Vgl. Siegel I, S. 78 ff.
[29]) Waitz B. G. II, S. 573 ff. IV, S. 243 ff.
[30]) Daß dies Gesetz nur von Chlothar I, nicht von Chlothar II erlassen sein kann, zeigt Roth, Benef. S. 224 Note 102.

nitus fuerit. Daß dies Recht noch später galt, zeigt die For=
mel Roz. 479 (Marc. App. 2), sowie mehrere Stellen karolingischer Capitularien, welche Roth, Feudalität S. 226 Note 13
gesammelt hat. Wie überhaupt das in Rib. 65 erwähnte Bann=
recht des Königs, so ist auch diese Stelle nicht auf eine spätere
Rechtsentwickelung zurückzuführen.

In Rib. 74 ist uns eine königliche Constitution erhalten [31])
über die Ungültigkeit der von Sklaven, Frauen, Kindern ohne
Wissen ihres Herrn, resp. Ehemannes oder Vaters eingegangenen
Rechtsgeschäfte. Die Stelle giebt zu keinen weiteren Erörterun=
gen Anlaß.

Es scheint endlich in Rib. 79 de homine penduto et ejus hereditate, wie schon Eichhorn I, S. 250 [32]) bemerkt hat, eine
Bezugnahme auf die Gesetzgebung Childeberts II v. J. 596 er=
kennbar. Nicht so sehr, weil hier wie dort (vgl. Decr. Childeb.
c. 7) die Todesstrafe für den Dieb erwähnt wird, denn diese
galt bei den Franken schon vor Childebert II, bei den Ribuariern
insbesondere schon zur Zeit des ersten und zweiten Theils (oben
S. 411 ff.) Auch nicht deshalb, weil Rib. cit. von dem judicio
principis pendutus spricht (vgl. Decr. Childeb. c. 8: si Francus fuerit, (der Dieb) ad *nostram* praesentiam dirigatur; et
si debilior persona fuerit, in loco pendatur), denn schon nach
altfränkischem Recht ging, wie jedes Contumacialverfahren (Sal.
56), so jedes Executionsverfahren (Ed. Chilp. c. 7 a. E.) im
letzten Stadium an den König sobald dort die Acht, hier die To=
desstrafe in Anwendung kam. Der Zusammenhang zwischen Rib.
cit. und dem Decr. Childeb. c. 7 (*Pertz* I, p. 10) wird nach
unserer Ansicht nur durch das hier wie dort hervortretende eigen=
thümliche Beweisrecht dargethan. Childebert II schließt in jener
Stelle den Reinigungseid des Diebes aus,

> si quinque aut septem bonae fidei homines absque
> inimicitia interposita criminosum cum sacramenti in-
> terpositione esse dixerint.

Ebenso Rib. cit.:

> Si quis homo propter furtum comprehensus fuerit,
> et legitime *superjuratus* et judicio principis pendutus.

---

[31]) Die Stelle beginnt: Hoc autem constituimus.
[32]) Nach ihm Waitz D. G. II, S. 84 Note 4. Stobbe Gesch. der
Rechtsquellen I, S. 62 Note 29.

Im Vergleich mit den bekannten Grundsätzen des deutschen Beweisrechts erscheint jenes Gesetz Childeberts II als eine Neuerung und Rib. 79 als eine von dieser Neuerung beeinflußte Stelle³³). Es ist schon oben bemerkt, daß die in Rib. 79 getroffene Bestimmung:

omnes res ejus (des gehängten Diebes) *heredes possideant*

gleichfalls mit dem gerade in Childeberts II Gesetz an mehreren Stellen (c 2. 4) zum Ausdruck gelangenden jüngeren Recht in Uebereinstimmung steht.

Waitz hat a. a. O. dies Verhältniß von Rib. 79 für seine Ansicht benutzt, daß die ganze Lex Ribuaria unter Childebert II zur Entstehung gelangt sei. Diese Argumentation erscheint aus dem Grunde als nicht zutreffend, weil ein von Childebert II erlassenes Gesetz selbstverständlich wie von ihm selber, so auch von Einem seiner Nachfolger berücksichtigt worden sein kann.

Es ist oben in §. 4 gezeigt, daß der dritte Theil später als die Gesetzgebung in Rib. 57—62, zugleich damit, daß er nach Childebert II entstanden ist. Auf Grund der im Voraufgehenden gegebenen Characteristik seines Inhalts spricht am Meisten dafür, seine Abfassung in die erste Hälfte des 7. Jahrhunderts zu setzen.

§. 6.
Der vierte Theil.
(Rib. 80—89).

Der vierte Theil der Lex Ribuaria ist zugleich der kürzeste. Er zeichnet sich, wie §. 1 gezeigt ist, dadurch aus, daß hier wiederum eine Reihe von Titeln der Lex Salica benutzt worden ist. Schon dadurch characterisirt er sich gegenüber dem zweiten Theil deutlich als jüngeren Ursprungs. Der zweite Theil hatte mit

---

³³) Auch ist das Beweisrecht des Klägers in Rib. cit. nicht wegen des comprehensus fuerit durch den Fall handhafter That zu begründen. Der fur comprehensus unserer Stelle ist der nach der Uebung jener Zeit wegen Verdachts der That zur Haft gebrachte Dieb.

Rib. 64 die Benutzung der Lex Salica in seiner Weise zu Ende gebracht. Ueberdies hat der vierte Theil an mehreren Stellen die Tendenz, den zweiten Theil abzuändern. In Rib. 84 de grafione injuste invitato wird die altribuarische Buße von 50 sol., welche Rib. 51, 1 für diesen Fall festgesetzt hatte, in die entsprechende salische von 45 sol. umgewandelt. Rib. 54 de corporibus expoliatis hatte §. 1 für die Beraubung einer noch über der Erde stehenden Leiche zwei Bußen von 60 und 100 sol., je nachdem der Beklagte geständig war oder läugnete; Rib. 85, 1 de corpore expoliato hat nur eine Buße, die von 100 sol. Es ist schon §. 2 gezeigt, daß hier wie dort die im vierten Theil getroffene Aenderung dem späteren Recht entspricht.

Der vierte Theil schließt mit einem königlichen Gesetz (Rib. 88. 89),[1])

Hoc autem consensu et consilio seu paterna traditione et legis consuetudine super omnia jubemus — —,

welches seinen Ursprung in merovingischer Zeit durch die Erwähnung des Majordomus beweist. Die erste hier getroffene Bestimmung, daß der bestochene Richter mit dem Tode büßen soll, entspricht dem älteren Recht[2]). Nicht so die zweite in Rib. 89, nach welcher kein judex fiscalis das Friedensgeld eintreiben soll, bevor die Buße an den Kläger gezahlt ist. Sal. 50, 2 hebt ausdrücklich hervor, daß das fredum schon an den Grafen gekommen sein könne, wenn der Kläger auf Execution anträgt. Daß Rib. 89 das spätere, noch in karolingischer Zeit praktische Recht enthält, ergiebt sich aus dem Verhältniß einer Reihe von Handschriften, welche Rib. cit. unter die Gesetze Karls d. Gr. und Ludwigs d. Fr. aufgenommen haben[3]).

Eine andere Stelle des vierten Theils steht gleichfalls der karolingischen Zeit sehr nahe, Rib. 87, de homine forbannito:

---

[1]) Beide Titel scheinen ursprünglich nur einen einzigen gebildet zu haben. Vgl. Pertz, Archiv V, S. 212. *Pardessus*, Loi Salique, préface, p. LVIII. Ebenso nach der Münchener Handschrift.

[2]) Vgl. Sal. 51. Ed. Chilp. c. 7. Außerdem die bei Waitz B. G. II, S. 330 Note 1 citirten Stellen.

[3]) *Pertz* Cap. a. 803 c. 21 (I, p. 86). Vgl. Boretius, die Capitularien im Langobardenreich, S. 122. 123.

Si quis hominem, qui forbannitus est, in domum re-
cipere praesumpserit, si Ripuarius est, 60 solidis, si
regius, Romanus, vel ecclesiasticus, 30 sol. culp. jud.
Es fällt sowohl die Höhe der Buße auf, da Sal. 56 und
noch Sal. 69 (cap. Chlodov. c. 5 §. 2 *Pertz* II, p. 3) für
die Aufnahme eines Geächteten nur 15 sol. ansetzen, als vor
Allem die Bezeichnung des Geächteten (in der alten Rechtssprache
wargus, expellis genannt) durch: homo *forbannitus*. Daß ferrebannitus in der Lex Salica und noch später in Chilperichs
Edict einen vollständig anderen Sinn hat, ist oben S. 416. 417
gezeigt. Erst aus karolingischer Zeit giebt es nach Ausdruck und
Inhalt mit Rib 87 verwandte Stellen. So finden wir in den
Capitularien Pipins v. J. 757 c. 22 *(Pertz* I, p. 29), v. J.
765 c. 1 *(Pertz* I, p. 31) die Buße von 60 sol. für Aufnahme
des wegen Incest Geächteten; den Ausdruck forbannitus hat,
was allerdings Zufall ist, erst Karl d. Gr. in einem Gesetz v.
J. 809 c. 3 de latrone *forbannito (Pertz* I, p. 155) in welchem
er materiell dem alten Recht wieder Geltung verschafft:

De latrone forbannito: ut liber homo qui cum sus-
cepit, 15 solidos conponat, et servus 120 percussio-
nibus vapuletur.

Es wird nach dem Gesagten wahrscheinlich, daß der vierte
Theil, Rib. 80—89, erst spät, vielleicht erst unter Karl Martell
oder zur Zeit der Anfänge Pipins entstanden ist [4]).

§. 7.

Einzelne Stellen.

Es bleibt im Folgenden noch von einigen Sätzen der Lex
Ribuaria zu reden, welche vereinzelt in späterer Zeit dem ersten
und zweiten Theil einverleibt worden sind.

Im ersten Theil erkennen wir solche Stellen vornämlich
an ihrer Abweichung von dem altribuarischen Compositionen=
system (vgl. §. 2).

---

[4]) Vgl. Waitz B. G. IV, S. 441 Note 2.

Rib. 10, 2: Sie in reliqua compositione, *unde Ripuarius quindecim solidis culpabilis judicetur*, regius et ecclesiasticus homo medietatem componat vel deinceps quantumcumque culpa ascenderit.
setzt die allgemeine Herrschaft des salischen Compositionensystems voraus. Ebenso, wie S. 400 gezeigt ist, der Ansatz von 2½, resp. 5 sol. in Rib. 24. 25. Diese drei Stellen (in Rib. 10, 2 wenigstens der hervorgehobene Relativsatz) können daher dem ersten Theil ursprünglich nicht angehört haben Rib. 25 de osse fracto servorum a servo muß sogar noch jünger sein als der dritte Theil, weil hier, Rib. 68, noch die altribuarischen Bußen für das os fractum beibehalten sind. Vielleicht entstanden diese Stellen erst in karolingischer Zeit.

Mit Bestimmtheit sind als karolingisches Einschiebsel in Anspruch zu nehmen die Worte in

Rib. 23: — tremissem, *id est quatuor denarios*, componat.

Erst unter den Karolingern machten 12 Denare einen Solidus[1]).

Im zweiten Theil ist Rib. 36 de diversis interfectionibus von je als später eingeschoben betrachtet worden. Schon der Inhalt dieses Titels, welcher weder der Lex Salica entlehnt ist, noch mit dem voraufgehenden, der Lex Salica nachgebildeten Titel 35 in Zusammenhang steht, kennzeichnet ihn als zum zweiten Theil nicht gehörig.

Eine andere Reihe von Umständen weist positiv auf die spätere, und zwar auf die karolingische Zeit als auf die Entstehungszeit unseres Titels hin.

Rib. 36, 4 setzt ein Wergeld für Friesen und Sachsen an. Die 160 sol. für Tödtung eines freien Friesen entsprechen dem im friesischen Hauptlande zwischen Fli und Laubach geltenden Recht (Fris. 1); das mittlere Friesland ward aber erst i. J. 734 von Karl Martell dem fränkischen Reich unterworfen[2]).

---

[1]) Vgl. *Guérard* Polyptyque de l'abbé Irminon I, p. 131. Waitz. die Münzverhältnisse in den älteren Rechtsbüchern des fränkischen Reichs S. 13: die Worte id est 4 den. fehlen in einer Reihe von Handschriften, oder sind erst später hinzugefügt.

[2]) *v. Richthofen* bei *Pertz*, Legg. III, p. 642.

Die Sachsen waren zwar schon früher in einzelnen Abtheilungen den Merovingern tributpflichtig, indessen ward der ganze sächsische Stamm bekanntlich erst durch Karl d. Gr. dem fränkischen Reiche einverleibt. Nur der Reichsangehörige hatte aber im fränkischen Reich ein Wergeld. Rib. 36 könnte demnach frühestens in den letzten Jahrzehnten des 8. Jahrhunderts entstanden sein [3]).

Eine Entwickelung neuerer und zwar karolingischer Zeit repräsentirt auch Rib. 36, 11. Noch bis ins 12. Jahrhundert wurden Zahlungen regelmäßig nicht in Geld, sondern in anderen Mobilien geleistet. Das pretium adpretiare, die Abschätzung der Mobilien, um Zahl und Art derselben zu bestimmen, war dabei ursprünglich die Aufgabe erwählter Schiedsmänner [4]). Rib. 36, 11 will aber für die gewöhnlich bei Zahlungen gebrauchten Mobilien (Vieh und Waffen) durch gesetzliche Werthanschläge jene Thätigkeit der Schiedsmänner überflüssig machen. Gerade so hat Karl d. Gr. in der Lex Saxonum 66 und in dem sächsischen Capitular v. J. 797 c. 11 *(Pertz* I, p. 76) ähnliche feste Taxen gegeben.

An diese Bestimmung schließt sich Rib. 36, 12:

> Quod si cum argento solvere contigerit, pro solido duodecim denarios, sicut antiquitus est constitutum.

Wird nicht in Vieh oder Waffen, sondern in Geld Zahlung geleistet [5]), so sollen 12 Denare einen Solidus machen, „wie schon vor Alters bestimmt worden ist." Damit wird auf die in den Jahren 740—743 unter Karlmann und Pipin vorgegangene Aenderung im fränkischen Münzwesen Bezug genommen, nach welcher bei Zahlung der gesetzlichen Compositionen nicht mehr 40, sondern nur 12 Denare für den solidus gegeben werden sollten [6]). Das betreffende Gesetz Pipins wird als Antiquitus gegeben bezeichnet. Auch hieraus entnehmen wir einen Grund,

---

[3]) A. A. Eichhorn R. G. I, S. 249 Note e.
[4]) Vgl. Sal. 50, 2.
[5]) Waitz Münzverhältnisse des fränkischen Reichs S. 14 gegen *Guérard* Polyptyque de l'abbé Irminon I, p. 130.
[6]) Waitz, Münzverhältnisse S. 32. 33. R. G. IV, S. 67. *Guérard*, Polyptyque I, p. 129.

Rib. 36 als frühestens Ende des 8. Jahrhunderts entstanden an=
zusehen ⁷).

Nicht ebenso unbedingt können wir der gemeinen. Meinung
darin beipflichten, daß Rib. 36 erst nach dem Jahre 803 entstanden sei, weil die dort §. 6 — 9 für die höheren Geistlichen
angesetzten Wergelder im Wesentlichen mit den Ansätzen des
Capitulars von 803 c. 1 (*Pertz* I, p. 113) übereinstimmen.
Schon Stobbe⁸) hat die Unsicherheit dieses Arguments hervor=
gehoben. In demselben Maße, in welchem diese Stelle der Lex
Ribuaria hier mit dem angeführten Capitular, in demselben Maße
steht sie mit älteren Bestimmungen über die Wergelder der Geist=
lichen im Einklang ⁹). Das handschriftliche Verhältniß spricht
sogar positiv gegen eine so späte Entstehung unseres Titels. Die
münchener Handschrift der Lex Ribuaria, anscheinend die älteste
von den uns überkommenen, „vom Ende des 8. oder den ersten
Jahren des 9. Jahrhunderts" ¹⁰) hat Rib. 36 schon vollständig,
insbesondere auch jene Wergeldbestimmungen. Die einzige Abweichung, welche sich hier findet, deutet gerade auf ein verhält=
nißmäßig hohes Alter des citirten Titels.

Im §. 5 ist nämlich der Text unserer Ausgaben:

Si quis clericum interfecerit, juxta quod nativitas
ejus fuit ita componatur. Si servus sicut servum etc.

erst durch spätere Correctur in unseren Codex hineingekommen.
Der ursprüngliche Text hatte sichtlich weniger Raum eingenom=
men, und stimmte wahrscheinlich mit der kurzen Fassung des
codex Corbionensis (jetzt cod. Paris. suppl. lat. 251):

Si quis clericum ingenuum interfecerit, bis quinqua-
genos sol. culp. jud. ¹¹).

Es ist nachweisbar, daß jener spätere Text unseres Codex
(der Text unserer Ausgaben) nicht nach Karl b. Gr. entstanden
sein kann. Die Worte: si servus sicut servum, wonach

---

⁷) Ob Waitz, Münzverh. S. 15 mit Recht auf Grund handschriftlicher
Notizen die §§. 11. 12 für späteren Zusatz zu Rib. 36 erklärt, läßt sich jetzt
noch nicht entscheiden.

⁸) Gesch. der Rechtsquellen I, S. 63 Note 32.

⁹) Z. B. mit Sal. Nov. 259. 342. Alam. Illoth. 11—15 (vgl. Baj.
1, 8. 9).

¹⁰) Pertz, Archiv, VII S. 735.

¹¹) *Walter*, corp. jur. Germ. I, p. 174 not. x.

also ein Cleriker dem Stande der servi angehören konnte, sind hierfür entscheidend.

Ursprünglich konnte nach canonischem Recht allerdings ein Sklave in den geistlichen Stand eintreten. Es bedurfte dazu nur der Erlaubniß, nicht auch der Freilassung von Seiten des Herrn[12]). Schon in den ersten Jahren seiner Regierung traf Ludwig d. Fr. die abändernde Bestimmung, daß ein Unfreier von nun an erst nach geschehener Freilassung solle in den geistlichen Stand eintreten können[13]).

Es hat danach Rib. 36 im §. 5 noch unter Karl d. Gr. eine Textänderung erfahren.

Aus den gegebenen Argumenten schließen wir, daß Rib. 36 gegen Ende des 8. Jahrhunderts entstanden ist. Die Ansicht Eichhorns, daß Rib. 36 in einen älteren und einen jüngeren Theil zu zerlegen sei, ist als unhaltbar anzugeben.[14])

---

[12]) Vgl. z. B. Concil. Aurelian. V a. 549 c. 6 (*Sirmond* I, p. 279).
[13]) S. die Urk. Ludwigs d. Fr. vom 19. Juni 823 bei *Guérard*, Polyptyque I, p. 973. 974.
[14]) Eichhorn I, S. 249 beruft sich darauf, daß in Rib. 36, 5 dem clericus nur das Wergeld seiner nativitas, in Rib. 36, 6 ff. aber dem Subdiaconen u. s. w. ein abweichendes Wergeld beigelegt werde. Die naturgemäße Vereinigung beider Stellen hat schon Stobbe, Gesch. der Rechtsquellen I, S. 63 Note 32 gegeben: der clericus in Rib. 36, 5 ist der Geistliche schlechtweg, welcher nicht Subbiacon u. s. w. geworden ist. Die Stellen ergänzen einander, statt in Widerspruch zu stehen.